JN016963

スミルナステッチでつくる

ふわもこ
動物刺繍

—

juno
ユノ

はじめに

「動物の相棒を持つ」ということを、子どもの頃に誰もが一度は夢想するのではないでしょうか。私もそんな子どものひとりだったのです。とりわけ、小さなオコジョやリスを肩に乗せて、どこに行くにも連れてゆきたいと夢見ていました。

　大人になり、野生動物たちの1番の脅威はもっぱら人間であることがわかってくると、動物たちとの距離を縮めたいとは思わなくなりました。それでも、彼らの多様な姿かたちや暮らしぶりは私を魅了し続け、直接動物と関わるかわりに、針と糸を使って、布の上にできるだけ忠実に、彼らの姿を描き出すことに夢中になりました。

　動物の毛並みの柔らかい手触りや、風に吹かれて揺れる様子まで、描き出せたら……。

　スミルナステッチは、そんな願いを叶えてくれます。1針1針、点のような面積を埋めていくのでとても時間がかかりますが、その動物とたっぷり向き合い、少しずつ命が宿っていく様子を見守る楽しさもあります。

　この本では野生動物を中心に、40種類の動物たちの刺繍のアイディアを紹介しています。提案のひとつとして、参考にしていただければ幸いです。自由にアレンジして、あなただけの相棒をつくり上げてください。

juno

ふわもこ
動物刺繍
作例集

いつまでも撫でていたくなる、
ふわもこ動物刺繍。
洋服やバッグ、ワッペンやブローチに
仕立てて、一緒に過ごすのも
楽しいですね。

| Red Fox　アカギツネ | ▶ P. 33 |

4

▲ | Snowy Owl シロフクロウ | ▶ P. 56 |
▼ | Eastern Timber Wolf シンリンオオカミ | ▶ P. 20 |

▲ │ Giant Anteater　オオアリクイ │ ▸P.41 │
▼ │ Southern Tamandua　ミナミコアリクイ │ ▸P.40 │

LEFT ⏶ | Sheep ヒツジ | ▸P. 38 | RIGHT ⏶ | Spotted Skunk マダラスカンク | ▸P. 25 |

⏷ | Striped Skunk シマスカンク | ▸P.24 | ⏷ | Giant Panda ジャイアントパンダ | ▸P.19 |

Contents

2　はじめに

4　作例集

森に暮らす動物

16　トラ

18　レッサーパンダ

19　ジャイアントパンダ

20　シンリンオオカミ

21　オランウータン

22　ナマケモノ

23　コアラ

24　シマスカンク

25　マダラスカンク

26　リス

27　オコジョ

28　アライグマ

29　ショウガラゴ

30　ワオキツネザル

30　アカエリマキキツネザル

草原に暮らす動物

32　ライオン

33　アカギツネ

34　ウマ

36　シロイワヤギ

38　ヒツジ

39　リャマ

40　ミナミコアリクイ

41　オオアリクイ

42　ジャックウサギ

43　ハリネズミ

44　コキンチョウ

45　ライラックニシブッポウソウ

45　スズメ

砂漠に暮らす動物

46　ダチョウ

47　フェネック

47　スナネコ

水辺に暮らす動物

48　オウサマペンギン

49　コウテイペンギン

50　ラッコ

51　モモイロペリカン

52　アヒル

寒いところに暮らす動物

54　ホッキョクグマ

55　トナカイ

56　シロフクロウ

57　マヌルネコ

58　刺繍の道具と材料

59　ふわもこ動物刺繍の刺し方

70　図案

森には、哺乳類から鳥類まで、地球上で最も多くの種類の動物が生息。
肉食から木の実、苔を食べる動物まで、生態系を守りながら暮らしています。

□ Tiger
トラ

図案 ▶ P. 70

ひとつとして同じものがない、トラの縞模様。ずいぶん華や
かに見えますが、獲物となる草食動物は色を識別できない
ため、藪や茂みに紛れて狩りをするのに好都合なんだとか。
自分好みのトラ柄でつくってみてください。

□ Lesser Panda

レッサーパンダ

図案 ▶ P. 72

動物園の直立するレッサーパンダが話題になったことがあります。野生のレッサーパンダも周囲を見渡すときや、威嚇をするときなどに、立ち上がることがあるそう。偵察中、出会い頭にびっくり仰天、なんてこともあるのでしょうか?

Giant Panda

ジャイアントパンダ

図案 ▶ P.

1日の大半を、竹を食べて過ごすジャイアントパンダ。もともとは肉食だったのが、競争を避け、竹ばかり食べるようになったという説もあります。のんびりと竹を食む愛くるしい姿の裏には、壮絶な過去を隠しているのかも？

□ Eastern Timber Wolf

シンリンオオカミ

図案 ▶ P. 73

ハイイロオオカミの多くは「パック」と呼ばれる群れをつくっ
て生活しますが、なかには群れの競争に敗れたり、独立後間
もなかったりで群れから離れて単独で生活するものもいま
す。「一匹狼」という言葉の響きにロマンを感じます。

□ Orangutan

オランウータン

図案 ▶ P. 74

オランウータンという名前はマレー語で「森の人」を意味します。手の長さは足の2倍もあり、指を人間のように器用に使って木の枝をつかみ、木から木へと飛び移ります。単独で生活し、高い樹上から森を見渡す姿は仙人のよう。

□ Sloth
ナマケモノ

図案 ▶ P. 75

1日に少しの葉しか食べず、ほとんど動かないので、毛の中には菌や蛾が棲みつき、体に苔が生えたりします。その苔は食糧にもなり、擬態にも一役買っているそう。微笑みを浮かべ、あるがままにじっと佇む姿は神々しくさえあります。

□ Koala
コアラ

図案 ▶ P. 75

コアラの毛はウールのように厚く密集していて、気温の変化や雨から守ってくれます。ふくふくとした姿はまるでぬいぐるみ。おしりから背中にかけてのみっしりした丸みと、耳の毛のふさふさがかわいく仕上げるポイントです。

□ Striped Skunk

シマスカンク

図案 ▶ P. 76

スカンクといえば、強烈な悪臭を放つ分泌液。スカンク臭を
発射する前には、しっぽを立てておしりを相手に見せるなど
の警告動作を行い、無視されると分泌液を噴射します。ちゃ
んと警告してくれるなんて、親切ですね。

□ **Spotted Skunk**

マダラスカンク

図案 ▶ P. 76

黒地に白い筆で模様を描いたような柄がおしゃれ。体は小さくても勇敢で、天敵に遭遇すると逆立ちをしてしっぽをふくらませて威嚇します。一見、髪を振り乱して2本足で向かってくるヤバイやつなので威嚇の効果は大きそうですね。

□ Squirrel

リス

図案 ▶ P. 77

ふさふさのしっぽと耳が愛らしい、樹上で暮らすリス。いつ
も単独で行動しますが、春が来るとデートを楽しみ、生ま
れた子どもたちは母親と一緒に行動します。この子たちは、
きっと双子の兄弟かな？　なにかひそひそ話をしています。

□ Ermine

オコジョ

図案 ▶ P. 78

夏には茶色い毛が、冬になると真っ白に変わり、しっぽの先の黒色がいっそうチャーミングに。幼い頃『オコジョのすむ谷』という絵本が大好きで、よく飽きずに眺めていました。いつか、遠くからひと目姿を見てみたいものです。

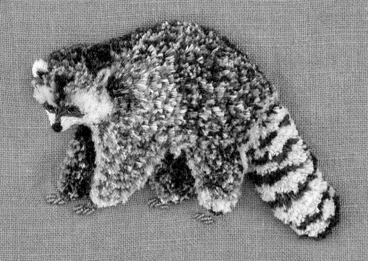

◻ Raccoon
アライグマ

図案 ▶ P 78

しましまのしっぽと、サングラスをかけたような目元が愛嬌
たっぷり。アメリカ合衆国、カナダが原産ですが、ペットが
野生化して日本でも見かけることがあります。農作物に丸い
穴の食べ痕があればアライグマの仕業かもしれません。

□ Lesser Bushbaby

ショウガラゴ

図案 ▶ P. 79

大きな耳に、闇夜に光るつぶらな瞳。ブッシュベイビーとも
呼ばれ、短くむちっとした手足はたしかに人間の赤ちゃんを
思い起こさせますが、運動能力は抜群で、3m以上ジャンプ
することもあるそう。

▶ LEFT

□ Ring-tailed Lemur

ワオキツネザル

図案 ▶ P. 80

地面を歩くときはしましまの長いしっぽを
高く上げ、ぎょろりとした目玉を黒い模様
が隈取って、歌舞伎役者のようないなせ
な姿。メスの方が気が強く、縄張り争いを
するのはもっぱらメスなんだとか。

▶ RIGHT

□ Red Ruffed Lemur

アカエリマキキツネザル

図案 ▶ P. 81

ワオキツネザルと同じくアフリカのマダガ
スカル島の固有種です。首の後ろの白い
毛や、顔のまわりの長い毛がエリマキのよ
うなのが、名前の由来になったそう。こち
らもまた、舞台役者のようなきりりと華の
ある佇まいです。

□ Lion
ライオン

図案 ▶ P. 79

すべてのネコ科動物のなかで、たてがみがあるのはオスのライオンだけ。たてがみには体の状態が表れ、メスはたてがみの色でパートナーを選び、オスは戦うかどうかを判断します。よく眠り、日向ぼっこする様はまるで大きな猫です。

◻ Red Fox

アカギツネ

図案 ▶ P. (82)

一面の雪景色のなかのキツネの狩
り。突然ジャンプしたかと思えば雪の
なかに頭からダイブし、深く潜ったと
思ったら、見事に雪の下の獲物をゲッ
ト。雪の中の表情は資料がないため
想像で描いたら、なんだか情けない
顔になってしまいました。

□ Horse
ウマ

図案 ▸ P. 83

遠い昔から、人と共に生きてきた馬。乗馬の経験などなくて
も、特別な親しみを感じる方も多いのでは。どこかの静かな
広い草原で、馬たちがたてがみをなびかせて走り、草を食ん
でいるのを想像するだけで素敵な気持ちになります。

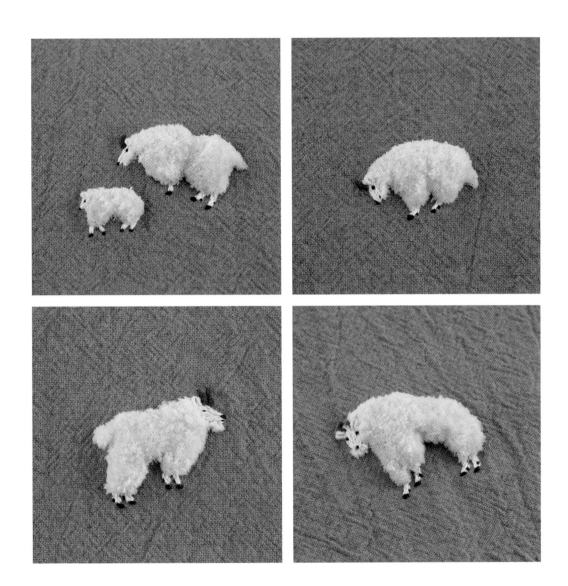

□ Mountain Goat

シロイワヤギ

図案 ▸ P. (84)

切り立った崖を涼しい顔して上り下りする、やたらに荘厳な雰囲気を持った真っ白なヤギ。一度見たら忘れられない光景を、ざらりとしたリネンの上に再現してみました。1頭でもかわいいですが、たくさんいるとシュールでなおよいです。

□ Sheep

ヒツジ

図案 ▶ P. 85

ヴァレーブラックノーズシープは、マッターホルンなど名峰ひしめくスイス南部のヴァレー地方が原産。顔が真っ暗で表情が読み取れませんが、赤ちゃんヒツジのかわいいことといったら。臆病だけれど、好奇心が強く人懐こい性格です。

□ Llama

リャマ

図案 ▶ P 85

南米に生息するラクダの一種のグアナコを家畜化したもの
といわれています。大きな瞳と長いまつげが特徴でおとなし
い性格。ペルーのマチュピチュ遺跡でも飼われていて、早朝
には朝日を浴びながら優雅に草を食む姿が見られます。

□ Southern Tamandua
ミナミコアリクイ

図案 ▶ P. 86

まるで黒いサロペットを着ているような模様がユーモラスな
ミナミコアリクイ。尾や鉤爪をうまく使って木に登り、おもに
樹上で過ごしています。歩くときは自身の鋭い爪で手の平を
傷つけないよう、手の甲を地面に付けます。

Giant Anteater

オオアリクイ

図案 ▸ P. 86

毛の長さが約30cmある、ふさふさのしっぽが印象的。寝るときは布団のように体にかけたりしています。蟻の巣を壊すために発達した鋭い鉤爪をもち、その偏食ぶりによって競争をのがれ、南米の草原でのんびりと暮らしています。

□ Jackrabbit
ジャックウサギ

図案 ▶ P. 87

真正の野ウサギ属で、ペット化されたウサギと比べると後ろ足や耳が長いのが特徴です。身に付けるものにこんなウサギが刺繍されていたら、力強く地面を蹴って、どこまでも走ってゆけるパワーをくれそうです。

□ Hedgehog

ハリネズミ

図案▶P 87

日本名では「ネズミ」と付きますが、実際はモグラに近く
穴を掘ることもあるそう。お腹の柔らかいふわふわり毛と、
背中のトゲトゲ。どちらもスミルナステッチですが、太さや
長さを変えることで質感の違いを出しています。

▫ Lilac-breasted Roller

ライラックニシブッポウソウ

図案 ▶ P. 88

まるでいろいろな味のシャーベットが混ざったような、透明感のある美しい色彩は、構造色といって、真珠の輝きのように色素ではなく光の反射によっていろいろな色に見えているのだそう。

▫ Gouldian finch

コキンチョウ

図案 ▶ P. 88

抽象画家のパレットから抜け出してきたような、華やかな色彩のコキンチョウ。個体によって、カラーバリエーションも豊富です。その見た目とは裏腹に、穏やかでおとなしい性格だそう。

▫ Sparrow

スズメ

図案 ▶ P. 89

日本でもよく見かける身近な鳥ですが、スミルナステッチで表現したいのはふくふくとした冬の姿。ふっくらして見えるのは、秋に脂肪を蓄えるだけでなく、羽毛を立てて空気を取り込み、温めることで寒さから身を守っているから。

45

雨が降らない、乾いた土地に暮らすことに対応した体を持っているのが特徴。
敵に見つからない色や脚力、灼熱の砂から守る毛を持っています。

□ Ostrich
ダチョウ

図案 ▶ P. 89

体長2m以上ある世界最大の鳥。キックカもジャンプ力も強く、足の速さは二足歩行の生物では世界最速ですが、脳の大きさは体に比べるととても小さいそう。記憶力や思考力は期待できないですが、体力があって憎めないキャラクターです。

46

□ **Fennec**
フェネック

図案 ▶ P. 90

砂漠に生息するキツネの仲間。大き
な耳にアーモンド型の瞳は愛らしさ
満載です。小説『星の王子さま』に出
てくるキツネは、サン=テグジュペリ
がサハラ砂漠に不時着したときに出
会ったフェネックがモデルという説も。

□ **Sand Cat**
スナネコ

図案 ▶ P. 90

「砂漠の天使」と呼ばれることもあ
るほど、かわいらしい容姿をしている
スナネコですが、動物園の飼育下で
も人に懐くことはない、気高い野生
のネコなのです。間違ってもペットに
しようなんて思わないこと。

川や海、湿地、湖など環境によって、生息する動物も変わってきます。
つるんとした毛の動物が多いなかから、ふわもこ動物を探してみました。

□ King Penguin
オウサマペンギン

図案 ▶ P. 91

冬に備えてまるまると太ったオウサマペンギンの雛は茶色い
綿羽で覆われ、親と見た目が違い過ぎて昔は別種のペンギン
と思われていたそう。ふんぞりかえって餌をねだる姿はな
んともふてぶてしくておかしさが込み上げます。

□ **Emperor Penguin**
コウテイペンギン

図案 ▶ P. ⎛92⎞

コウテイペンギンは、海氷の上にコロニーをつくって繁殖を
します。嵐が吹き荒ぶ氷の世界で、凍えないようにみんなで
ぎゅっと固まって、何日も飲まず食わずで卵を温め続ける姿
は胸を打ち、雛の愛らしさに心がとろけます。

□ Sea Otter

ラッコ

図案▶P 92

体毛の密度が高く、びっしりと生えた柔らかい下毛の間に
空気を溜めて保温することで海に浮かび、冷たい水中でも
過ごすことができます。お母さんはひとりで子育てするので
大忙しですが、子どもを毛繕いする姿にほっこりします。

□ White Pelican

モモイロペリカン

図案 ▶P. 　93

コーラルピンクにイエローの差し色、足の先から頭のてっぺんまで、なんとおしゃれな姿でしょう。繁殖期を迎えると羽の色がピンク色に変化し、この状態に。恋をする感情が羽の色の変化に表れるのがおもしろいですね。

□ Duck
アヒル

図案 ▶ P. (93)

雛は生まれて最初に目にした動くものを親と認識し、その後ろを付いて歩く習性（すりこみ）があるといわれています。列になって行進する様は、黄色い通学帽をかぶった子どもたちと引率の先生、といった趣で微笑みを誘います。

極寒のエリアに生きる動物は、寒さに強い体を持っているだけではなく、
体温を保つための毛が発達。冬毛や厚い体毛によって、寒さから守られています。

□ Polar Bear

ホッキョクグマ

図案 ▶ P. 94

氷の上でのんびりと昼寝……。なかに人が入っているので
は?と思うほどユーモラスな仕草に親しみを抱かずにはいら
れません。地球温暖化の影響による北極の氷の減少は、彼
らをどこへ連れてゆくのか、人間にとっても深刻な課題です。

□ Reindeer

トナカイ

図案 ▶ P. (94)

和名はアイヌ語に由来し、英語では「カリブー」や「レインディア」と呼ばれています。シカ科で唯一雌雄ともに角があるのは、繁殖期のオスの抗争だけでなく、雪を掘ってエサを得るため。フリンジ付きブーツのような足元がおしゃれ。

□ Snowy Owl

シロフクロウ

図案 ▶ P. 95

白色の羽毛に覆われた大型のフクロウで、足の指まで羽毛が生え、短いくちばしも羽毛のなかに埋もれています。オスがほぼ純白なのに対し、メスには黒い斑点が。「ハリーポッター」に登場する主人公の相棒もシロフクロウです。

□ Pallas's Cat
マヌルネコ

図案 ▶ P. 95

ずんぐりして足の短いマヌルネコは、あまり俊敏な方ではないようです。その代わり、何もない場所で身を隠すのが上手。危険を感じると、頭を下げて地面にうずくまり、動きを止めて背景に溶け込むのです。忍者の術みたいですね。

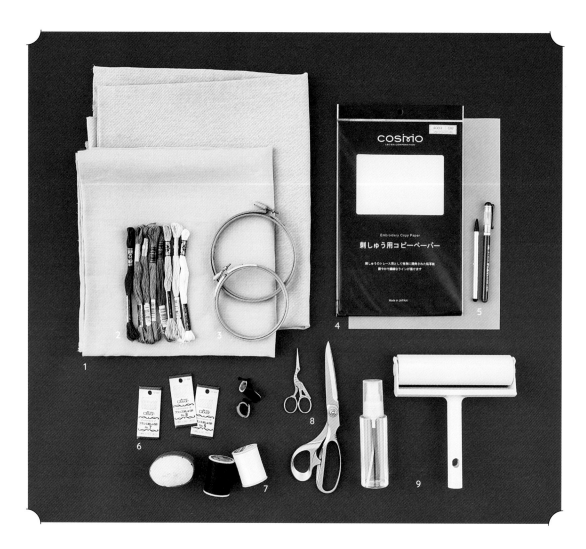

刺繍の道具と材料

no.1 布地

リネンやコットンなどの布を使用。薄い布地には、裏に接着芯を貼っています。

no.2 刺繍糸

OLYMPUS、COSMO、Anchor、DMCの25番刺繍糸を使用しています。

no.3 刺繍枠

図案がすっぽり入るサイズの刺繍枠がおすすめです。

no.4 手芸用複写紙（片面）、トレーシングペーパー

図案を布地に写すときに使用します。

no.5 トレーサー、水で消えるチャコペン

図案を布地に写すときに使用します。

no.6 刺繍針、針山、指ぬき

クロバーのフランス刺しゅう針7、8、9番を使用しています。

no.7 ミシン糸

動物のひげに使用しています。

no.8 はさみ

糸切りばさみと裁ちばさみを使用。糸切りばさみは先の尖った切れ味のいいものを用意しましょう。

no.9 水スプレー、粘着テープ

水スプレーは動物の毛並みを整えるときに、粘着テープはカットした糸くずを取り除くときにあると便利です。

図案の写し方

1. 布地の上に手芸用複写紙、図案を重ねて置きます。

2. トレーサーで強めに図案の線をなぞります。

3. 図案が写し取れました。

4. 線が見えにくい場合は、水で消せるチャコペンでなぞりましょう。

刺しはじめ

◎バックステッチではじめる

裏から針を入れて表に出し、小さく1針分戻って糸を押さえ、刺しはじめます。

◎玉結びではじめる

糸端を玉結びをして刺しはじめます。

刺し終わり

1. 裏に出ている糸に通します。

2. 2回ほど通したら糸をカットします。

スミルナステッチ

ふわふわした毛の部分に使用。カットする長さで表情が変わります。

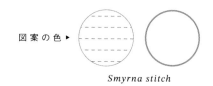

Smyrna stitch

1. 表から1に針を入れ、1針すくって2から出します。

2. 糸端は1.5〜2cmほど残しておきます。

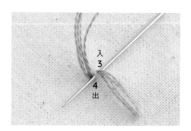

3. 1目分戻って3に入れ、4から出します。

4. 1目刺し終えて、糸端が固定されました。

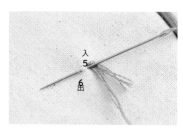

5. 5から入れて、6から出します。

6. 糸端はループ状に残します。

7. 根元を1目刺してループ状の糸を固定し、同様に繰り返していきます。

8. ループを逆に倒すと、根元のステッチが隠れます。
※モモイロペリカンとアヒルの羽、馬のたてがみは刺す方向に注意。

9. ループをはさみでカットして完成。

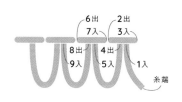

60

ふわもこカットのコツ

◎単色の場合

1. 面に刺したスミルナステッチを
   カットしていきます。
   ※シロフクロウはループ状のまま使用。

2. ループをはさみでカットします。切り残しがないように、よくチェックしましょう。

3. 糸の長さを整えながら、少しずつカットします。糸くずは、粘着テープでこまめに取りましょう。

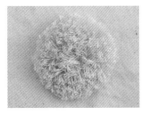
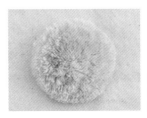

長めの毛にしたいときは、糸の長さ約1.0〜1.3cmにカット。

短めの毛にしたいときは、糸の長さ約0.5〜0.7cmにカット。

◎複数色の場合

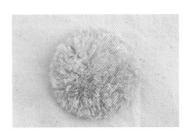

1. 2色の糸で刺したスミルナステッチをカットしていきます。

2. ループをはさみでカットします。

3. 糸の長さを少しずつカットして、形を整えます。

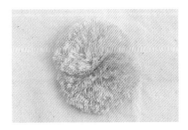

4. 色の境界線がわかりづらいときは、裏面からまち針を刺して印を付けましょう。

5. 糸を分けて、各色ごとにカットしていきます。

6. 色ごとに糸の長さを変えたり、境界部分を少し短めにカットすると、濃淡を強調することができます。

ロング&ショートステッチ

Long and short stitch

動物の短い毛の表現に使用。毛が生えている方向に沿って刺しましょう。
ステッチの長さを揃えることで立体感が出ます。

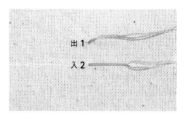

1. 裏から1に針を出し、好きな長さで
2に入れ、1針目を刺します。

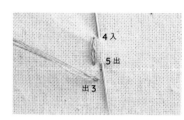

2. 2針目は1針目より長めになるよ
うに3に出し、1針目と同じ長さで
1針すくいます。

3. 短い1針と長い1針を繰り返し刺
していきます。

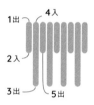

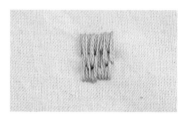

4. なるべく隙間がないように密集さ
せて刺しましょう。

隙間をストレートステッチ（P.63・
1本どり）で埋めると、よりなめら
かな仕上がりになります。

◎複数色の糸を交ぜて自然な色を表現する

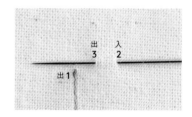

1. 2色の糸を針に通し、2本どりに
します。裏から1に針を出し、好き
な長さで2に入れて3から出します。

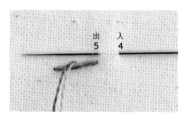

2. 好きな長さで4に入れ、5から出し、
次の1針を刺します。長さはランダ
ムにすると動物の毛らしくなりま
す。

3. 同じように刺していくと、2色が交
ざったようなニュアンスになります。

両端に交ぜた色をそれぞれ刺すと
グラデーションがつくれます。

ストレートステッチ

Straight stitch

ロング＆ショートステッチと同様に短い毛の表現に使用します。長さや向きをランダムに
刺すことでリアルな毛並みが表現できます。また、背景の葉っぱにも使用しています。

1. 毛の流れる方向に沿って、好きな
長さで刺していきます。

2. 隙間なく刺すと仕上がりが美しく
なります。

◎葉っぱを刺す場合

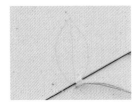

1. 葉っぱの図案を描き、
下の中心に裏から針を
出し、まずは右半分か
ら刺していきます。

2. 葉脈のように、ななめ
に刺していきます。あえ
て隙間をつくるのがポ
イント。

3. 上まで刺したら、左半
分も同じように刺しま
す。

4. 色を左右で変えたり、
何色かミックスしたり
してアレンジしても。

中心に違う糸でア
ウトラインステッチ
を入れると立体感
が出ます。

アウトラインステッチ

Outline stitch

目のまわり、背景の木の幹や枝、葉っぱのアレンジや鳥の足のサテンステッチの芯に使用しています。

出1　3出
2入

1. 図案の上から下に刺していきます。
裏から1に針を出し、2に入れたら
半目分戻って3から出します。

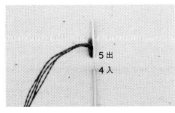

5出
4入

2. 4に入れて1針刺し、半目戻って2
のすぐ横の5から出します。

3. 同様に、半目ずつ戻るようにす
くって刺していきます。

バリオンステッチ

4〜6回ほど巻いて爪や、20回巻いて耳に使用しています。

図案の色 ▶

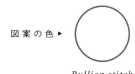

Bullion stitch

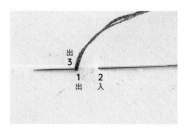

1. 裏から1に針を出し、ステッチの長さ分1針すくいます。

2. 針を抜かずに、針先に糸を巻きます。巻く回数は、ステッチよりも少し長くします。

3. 巻いた部分を親指で押さえ、ゆるまないように気を付けて針を抜きます。

4. 糸を引き、手前に倒します。

5. 糸が出ているすぐ脇に針を入れます。

6. バリオンステッチが完成。

ステッチよりも長く巻けば、アーチ状になります。耳をつくるときは、倒して形を整え、数ヵ所留めます。

フレンチノットステッチ

目に使用。また、ふんわりと刺してヒツジの毛を表現しています。

図案の色 ▶

French knot stitch

1. 裏から表に針を出し、すぐ上に針を重ねて針先に糸を1〜2回巻きます。

2. 糸を出したきわに垂直に針を刺し、裏に針を引き抜きます。

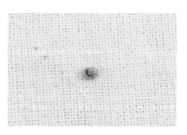

3. 小さな玉ができました。

サテンステッチ

表面にツヤが出る刺し方です。目や鼻、鳥の足に使用しています。

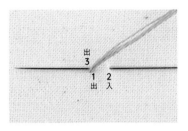

1. 裏から1に針を出し、1針すくって2から3に出します。

2. 1針目と平行に、隣に2針目を刺します。

3. 糸がよれないように気を付けて、隙間なく刺しましょう。

◎芯入りサテンステッチを刺す場合

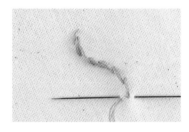

1. サテンステッチを刺したい面の中心にアウトラインステッチ（P.63）を刺します。

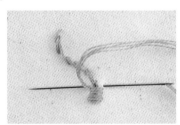

2. アウトラインステッチの上にサテンステッチを刺していきます。

3. ふっくらとしたサテンステッチができました。

◎ふんわり丸いフレンチノットステッチ

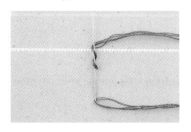

1. 針先に糸をゆるく巻きます。

2. 巻いた糸をくずさないように、針を裏に通します。

3. ふんわりとした玉ができました。

鳥の水かきの刺し方

縦3〜4本のステッチに糸を巻きながら刺し、鳥の水かきを表現します。

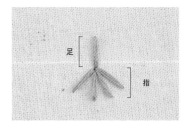

1. ストレートステッチ（P.63）で足の形を刺します。

2. 指の右2本の間に、裏から針を出します。

3. 指の右2本の下に、右から左へ針穴のほうからくぐらせます。

4. 次は、指の右から2と3本目の下に、針をくぐらせます。

5. 次は、指の右から3と4本目の下に、針をくぐらせます。

6. 折り返して、左から2と3本目の下に、針をくぐらせます。

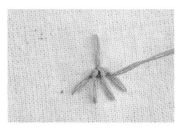

7. 順に1本ずつずらしながら、指の2本の下をくぐらせていきます。

8. 水かき部分が完成しました。

9. 芯入りサテンステッチ（P.65）と同様に、足部分も刺していきます。

10. 鳥の足が完成しました。アヒルは指3本で同様に刺していきます。

目の刺し方のバリエーション

目は、動物の表情を決める大切な部分。それぞれの動物によって、刺し方を変えています。

□ トラ

ストレートステッチで虹彩部分を刺したあと、瞳孔を小さく刺してキリっとした印象に。

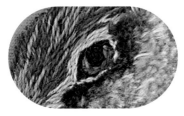

□ ジャックウサギ

瞳孔はサテンステッチ、虹彩はロング＆ショートステッチで埋め、まわりを囲んで目力アップ。

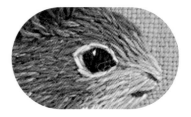

□ リス

下に隠しステッチを入れることで、ふっくらとつぶらな目に。ストレートステッチで光を。

□ ライオン

伸びをしているライオンの閉じた目とまぶたは、ストレートステッチで刺しています。

□ ショウガラゴ

サテンステッチのまわりを、ロング＆ショートステッチとアウトラインステッチで囲みます。

□ オウサマペンギン

サテンステッチの黒目が際立つように、まわりをストレートステッチで囲んでいます。

□ スナネコ

虹彩全体をロング＆ショートステッチで埋めてから、上に色を重ねて刺して立体感を出します。

□ ダチョウ

サテンステッチで目を刺し、ストレートステッチでまつげを刺し、印象的な目元に。

□ シロフクロウ

サテンステッチで虹彩と瞳孔を刺し、まわりをストレートステッチで囲みます。

ハリネズミの刺し方 完成までのプロセス（図案P.87）

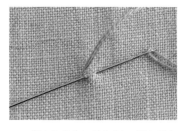

1. 裏から指先に針を出し、指の長さ分の1針をすくいます。

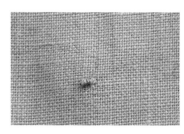

2. バリオンステッチ（P.64）を刺します。

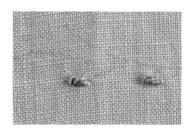

3. 両足に3本ずつバリオンステッチを刺し、指が完成。

4. ロング＆ショートステッチ（P.62）で足部分を刺します。

5. 両足が刺し終わりました。

6. お腹部分をスミルナステッチ（P.60）で刺します。

7. 図案の線に沿って、細かく刺していきます。

8. 面を埋めながら、2〜3段刺します。顔の横は、毛の流れる方向に合わせて刺します。

9. 背中は、ループが外側を向くように縁から刺していきます。

10. 背中全体を刺し終わりました。

11. 耳をバリオンステッチで刺します。耳の両端を1針すくいます。

12. 20回巻きのバリオンステッチを刺し、寝かせて縫い付けます。

13. 耳の中をロング&ショートステッチで刺します。

14. 顔まわりは、外側からスミルナステッチを刺していきます。

15. 3段刺し終わったところです。

16. 顔をロング&ショートステッチで刺します。

17. 毛並みに沿って、隙間なく刺しましょう。

18. 目と鼻をサテンステッチ（P.65）で刺します。

19. スミルナステッチのループをカットします。糸の色ごとに分けておきます。

20. お腹は約0.3㎝程度、顔まわりは約0.5㎝にカットしますが、まずは少し長めにカットしておきます。

21. 少しずつカットして長さを整えます。

22. 背中は、まずはループをすべてカットします。

23. 形を整えながら好みの長さにカットします。縁は短めにすると丸く仕上がります。

24. ハリネズミの完成です。

図案

図案はすべて実物大です。
何本どり＆糸の種類はそれぞれの注意書きを参照してください。

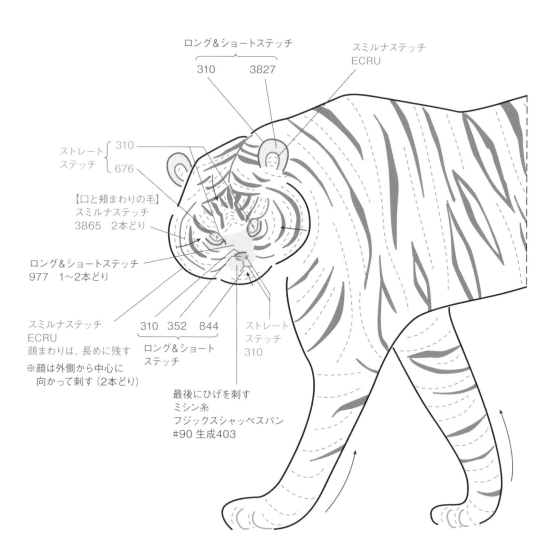

ロング＆ショートステッチ
310　3827

スミルナステッチ
ECRU

ストレート
ステッチ { 310
676

【口と頬まわりの毛】
スミルナステッチ
3865　2本どり

ロング＆ショートステッチ
977　1〜2本どり

スミルナステッチ
ECRU
顔まわりは、長めに残す

※顔は外側から中心に
　向かって刺す（2本どり）

310　352　844
ロング＆ショート
ステッチ

ストレート
ステッチ
310

最後にひげを刺す
ミシン糸
フジックスシャッペスパン
＃90 生成403

□ Tiger
トラ

作品 ▶ P. 16-17

※指定以外は1本どり　※指定以外の糸の種類はDMC

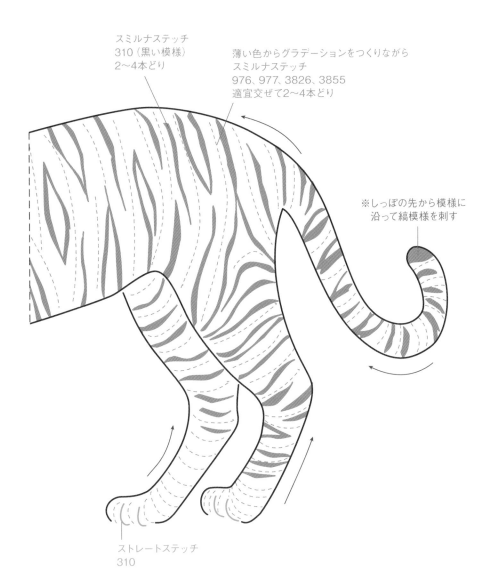

スミルナステッチ
310（黒い模様）
2〜4本どり

薄い色からグラデーションをつくりながら
スミルナステッチ
976、977、3826、3855
適宜交ぜて2〜4本どり

※しっぽの先から模様に
沿って縞模様を刺す

ストレートステッチ
310

□ Lesser Panda

レッサーパンダ

作品 ▶ P. 18

1.右のレッサーパンダのしっぽの先、左のレッサーパンダの足など、奥にあるものから刺す。
2.手の平にロング＆ショートステッチ、サテンステッチを刺し、手の平にスミルナステッチの毛先が被るように体の方に向かって刺す。
3.顔は外側から中心に向かって刺し、目や鼻のまわりは2本どりで細かく刺す。
4.目と鼻のサテンステッチで、顔のスミルナステッチの根元の縫い目を隠すように刺す。

※指定以外は1本どり　※指定以外の糸の種類はDMC

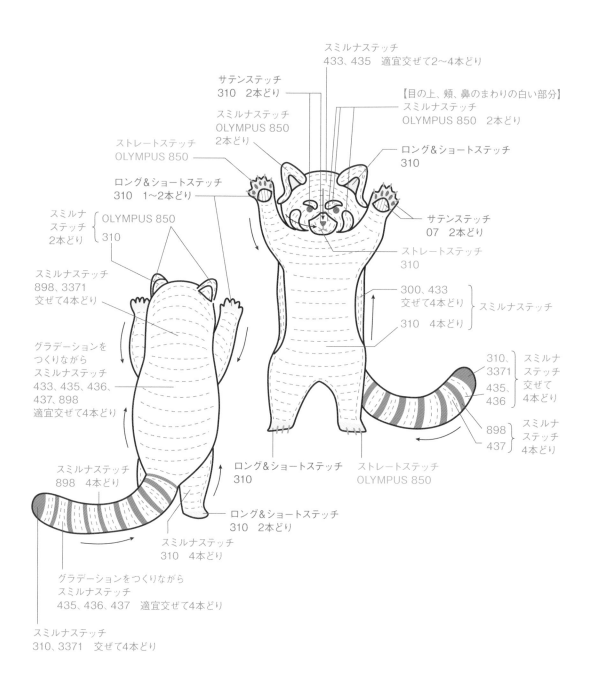

スミルナステッチ
433、435　適宜交ぜて2〜4本どり

サテンステッチ
310　2本どり

スミルナステッチ
OLYMPUS 850
2本どり

【目の上、頬、鼻のまわりの白い部分】
スミルナステッチ
OLYMPUS 850　2本どり

ストレートステッチ
OLYMPUS 850

ロング＆ショートステッチ
310

ロング＆ショートステッチ
310　1〜2本どり

スミルナ
ステッチ
2本どり ｛ OLYMPUS 850
310

サテンステッチ
07　2本どり

スミルナステッチ
898、3371
交ぜて4本どり

ストレートステッチ
310

グラデーションを
つくりながら
スミルナステッチ
433、435、436、
437、898
適宜交ぜて4本どり

300、433
交ぜて4本どり ｝ スミルナステッチ
310　4本どり

310、
3371
交ぜて
4本どり ｝ スミルナ
ステッチ
435、
436

898
437 ｝ スミルナ
ステッチ
4本どり

スミルナステッチ
898　4本どり

ロング＆ショートステッチ
310

ストレートステッチ
OLYMPUS 850

ロング＆ショートステッチ
310　2本どり

スミルナステッチ
310　4本どり

グラデーションをつくりながら
スミルナステッチ
435、436、437　適宜交ぜて4本どり

スミルナステッチ
310、3371　交ぜて4本どり

□ Giant Panda

ジャイアントパンダ

作品 ▶ P. 19

1. 足先、右耳など奥にあるものから刺す。
2. おしりから背中の白い部分、前足と肩の黒い部分を刺す。
3. 外側から中心に向かって、左耳と頭の部分を刺す。

※糸の種類はすべてDMC

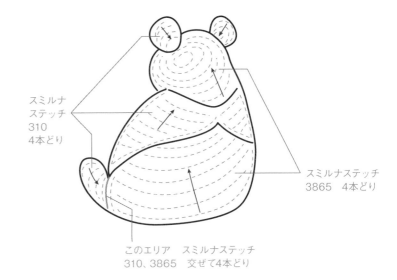

スミルナ
ステッチ
310
4本どり

スミルナステッチ
3865　4本どり

このエリア　スミルナステッチ
310、3865　交ぜて4本どり

□ Eastern Timber Wolf

シンリンオオカミ

作品 ▶ P. 20

1. 足先から刺す。
2. しっぽの先から付け根、お腹、おしりから足にかけて、奥にあるものから順にバランスを見ながら刺す。
3. 胴から首、耳を刺す。耳は外側から刺し、耳のなかのストレートステッチで、耳のスミルナステッチの根元の縫い目を隠すように刺す。
4. 顔のロング＆ショートステッチで、顔まわりのスミルナステッチの根元の縫い目を隠すように刺し、最後に目・鼻・口を刺す。

※指定以外は1本どり
※指定以外の糸の種類はDMC

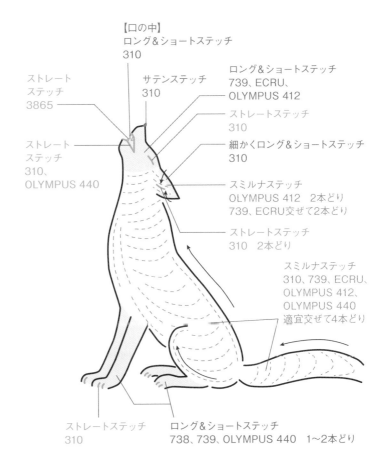

【口の中】
ロング＆ショートステッチ
310

ストレート
ステッチ
3865

サテンステッチ
310

ロング＆ショートステッチ
739、ECRU、
OLYMPUS 412

ストレートステッチ
310

ストレート
ステッチ
310、
OLYMPUS 440

細かくロング＆ショートステッチ
310

スミルナステッチ
OLYMPUS 412　2本どり
739、ECRU交ぜて2本どり

ストレートステッチ
310　2本どり

スミルナステッチ
310、739、ECRU、
OLYMPUS 412、
OLYMPUS 440
適宜交ぜて4本どり

ストレートステッチ
310

ロング＆ショートステッチ
738、739、OLYMPUS 440　1〜2本どり

◻ Orangutan

オランウータン

作品 ▶ P. 21

1.木の枝と葉を刺す。
2.手足指から手足首までを刺し、手足首に毛がかかるようにスミルナステッチを外側から中心、四肢の先から付け根に向かって刺す。胴はおしりの方から首に向かって刺す。
3.顔のまわりを囲むようにスミルナステッチを刺し、顔のロング＆ショートステッチと目のサテンステッチで、顔のまわりのスミルナステッチの根元の縫い目を隠すように刺す。

※指定以外は1本どり
※糸の種類はすべてDMC

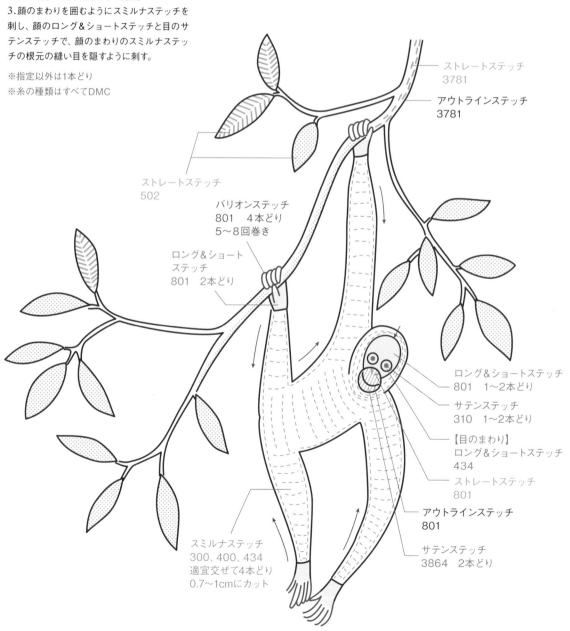

ストレートステッチ
3781

アウトラインステッチ
3781

ストレートステッチ
502

バリオンステッチ
801　4本どり
5〜8回巻き

ロング＆ショート
ステッチ
801　2本どり

ロング＆ショートステッチ
801　1〜2本どり

サテンステッチ
310　1〜2本どり

【目のまわり】
ロング＆ショートステッチ
434

ストレートステッチ
801

アウトラインステッチ
801

サテンステッチ
3864　2本どり

スミルナステッチ
300、400、434
適宜交ぜて4本どり
0.7〜1cmにカット

Sloth

ナマケモノ

作品 ▸ P. 22

1.木の枝と葉を刺す。
2.奥にある手足の爪から刺す。奥にある手足首に毛がかかるようにスミルナステッチを刺しはじめ、付け根まで刺したら手前の手足の先から胴に向かい、顔の下まで刺す。腕はスミルナステッチのループが外側になるように刺し、毛を水スプレーなどで湿らせて整える。
3.顔のまわりを囲むようにスミルナステッチを刺し、顔のロング＆ショートステッチで、顔まわりのスミルナステッチの根元の縫い目を隠すように刺し、最後に目・鼻・口を刺す。

※指定以外は1本どり
※糸の種類はすべてDMC

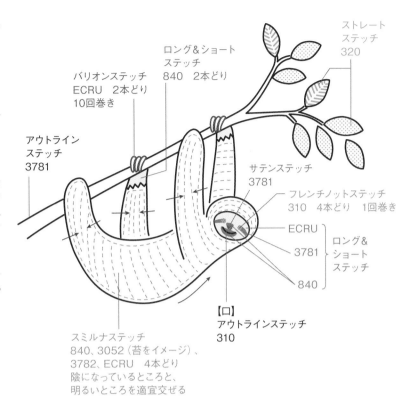

ストレート
ステッチ
320

ロング＆ショート
ステッチ
840　2本どり

バリオンステッチ
ECRU　2本どり
10回巻き

アウトライン
ステッチ
3781

サテンステッチ
3781

フレンチノットステッチ
310　4本どり　1回巻き

ECRU
3781　｝ロング＆ショートステッチ
840

【口】
アウトラインステッチ
310

スミルナステッチ
840、3052（苔をイメージ）、
3782、ECRU　4本どり
陰になっているところと、
明るいところを適宜交ぜる

Koala

コアラ

作品 ▸ P. 23

1.手足指から刺す。
2.1に毛がかかるようにスミルナステッチを刺しはじめ、外側から内側に向かって手足と胴を刺す。
3.耳を刺す。スミルナステッチの根元に被せるように耳のなかを刺し、さらに被せるように顔まわりの白い毛をスミルナステッチで刺す。白い毛の耳に被る部分は、少し長めにカットする。
4.顔は外側から中心に向かって刺す。目と鼻のまわりは細く2本どりで刺し、目のサテンステッチと鼻のロング＆ショートステッチで、顔のスミルナステッチの根元の縫い目を隠すように刺す。

※指定以外は1本どり
※指定以外の糸の種類はDMC

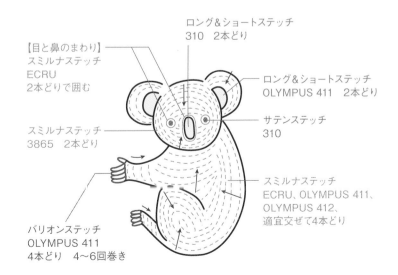

ロング＆ショートステッチ
310　2本どり

【目と鼻のまわり】
スミルナステッチ
ECRU
2本どりで囲む

ロング＆ショートステッチ
OLYMPUS 411　2本どり

スミルナステッチ
3865　2本どり

サテンステッチ
310

スミルナステッチ
ECRU、OLYMPUS 411、
OLYMPUS 412、
適宜交ぜて4本どり

バリオンステッチ
OLYMPUS 411
4本どり　4〜6回巻き

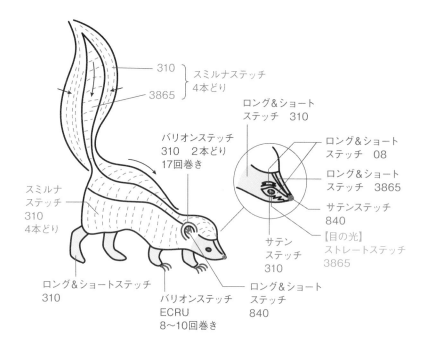

310
3865 } スミルナステッチ
4本どり

ロング＆ショート
ステッチ　310

バリオンステッチ
310　2本どり
17回巻き

ロング＆ショート
ステッチ　08

ロング＆ショート
ステッチ　3865

サテンステッチ
840

【目の光】
ストレートステッチ
3865

スミルナ
ステッチ
310
4本どり

サテン
ステッチ
310

ロング＆ショートステッチ
310

バリオンステッチ
ECRU
8〜10回巻き

ロング＆ショート
ステッチ
840

▯ Striped Skunk

シマスカンク

作品 ▸ P. 24

1. 前後足と爪を刺す。
2. しっぽの先から付け根、おしりから首に向かって刺す。
3. 耳の後ろまで刺したら、耳のバリオンステッチを刺し、スミルナステッチの根元に被せるように倒して留め付け、耳のなかを刺す。
4. 頭から顔にかけてスミルナステッチを刺し、顔のロング＆ショートステッチで、頭と顔まわりのスミルナステッチの根元の縫い目を隠すように刺し、最後に目・鼻を刺す。

※指定以外は1本どり
※糸の種類はすべてDMC

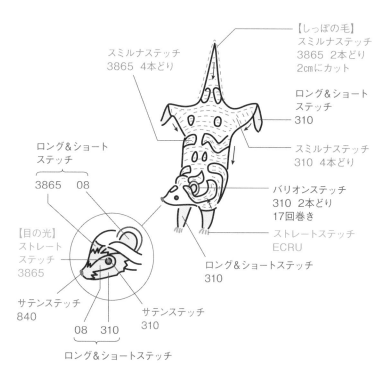

スミルナステッチ
3865　4本どり

【しっぽの毛】
スミルナステッチ
3865　2本どり
2cmにカット

ロング＆ショート
ステッチ
310

スミルナステッチ
310　4本どり

バリオンステッチ
310　2本どり
17回巻き

ストレートステッチ
ECRU

ロング＆ショート
ステッチ

3865　　08

【目の光】
ストレート
ステッチ
3865

サテンステッチ
840

サテンステッチ
310

ロング＆ショートステッチ
310

08　310

ロング＆ショートステッチ

▯ Spotted Skunk

マダラスカンク

作品 ▸ P. 25

1. 前後足と爪を刺す。
2. しっぽの外側の長いスミルナステッチから刺し、しっぽの先から付け根、おしりから背中と模様に沿って色を変えながら刺し進める。
3. 耳の後ろまで刺したら、耳のバリオンステッチを刺し、スミルナステッチの根元に被せるように倒して留め付け、耳のなかを刺す。
4. 頭から顔にかけてスミルナステッチを刺し、顔のロング＆ショートステッチで、頭と顔まわりのスミルナステッチの根元の縫い目を隠すように刺し、最後に目と鼻を刺す。

※指定以外は1本どり
※糸の種類はすべてDMC

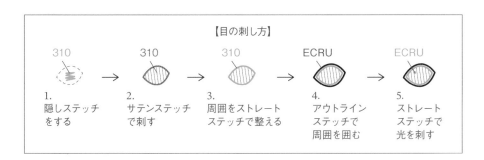

【目の刺し方】

1.	2.	3.	4.	5.
310	310	310	ECRU	ECRU
隠しステッチをする	サテンステッチで刺す	周囲をストレートステッチで整える	アウトラインステッチで周囲を囲む	ストレートステッチで光を刺す

スミルナステッチ
433　2本どり

ストレート
ステッチ
433

ロング＆ショート
ステッチ
434

【頭と顔】
ロング＆ショートステッチ
434、738、739
1～2本どり

【胴】
ロング＆ショート
ステッチ
433、434、801
1～2本どり

スミルナステッチ
433、434、801
適宜交ぜて6本どり
0.7～1cmにカット

ロング＆ショート
ステッチ
ECRU

※右と同様に刺す

バリオンステッチ
434　2本どり
4～6回巻き

□ Squirrel

リス

作品 ▶ P. [26]

1. 手足指から刺す。
2. しっぽの先から付け根に向かって刺す。
3. おしりから首までのロング＆ショートステッチで、しっぽのスミルナステッチの根元の縫い目を隠すように刺す。
4. 耳を刺す。
5. 顔のロング＆ショートステッチで、耳のスミルナステッチの根元の縫い目を隠すように刺し、最後に目・鼻・口を刺す。

※指定以外は1本どり　※糸の種類はすべてDMC

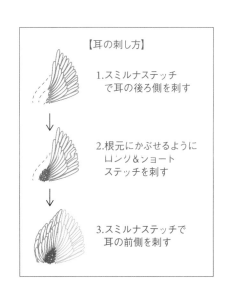

【耳の刺し方】

1. スミルナステッチで耳の後ろ側を刺す

2. 根元にかぶせるようにロング＆ショートステッチを刺す

3. スミルナステッチで耳の前側を刺す

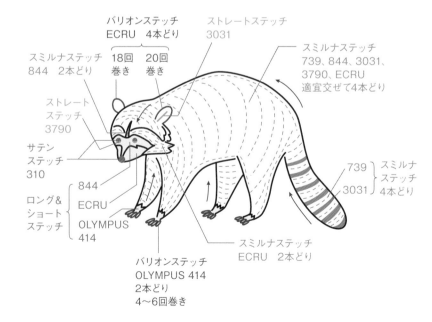

スミルナステッチ
3865　2本どり

3865

COSMO 102

ロング＆
ショート
ステッチ

スミルナステッチ
3865、
OLYMPUS 850
適宜交ぜて4本どり

310

801

サテンステッチ

スミルナステッチ
310　4本どり

あごの下と足の境は、
スミルナステッチ
OLYMPUS 850
4本どりで刺し、
カットするときの
ガイドにする

ストレートステッチ
COSMO 102

グラデーションを
つくりながら
スミルナステッチ
4本どり

3865

OLYMPUS
850

Ermine

オコジョ

作品 ▶ P. 27

1.足、しっぽの先から刺す。手と足は奥にあるものから刺し、影になっている部分はOLYMPUS 850、明るい部分は3865を適宜交ぜながらグラデーションをつくって刺し、カットするときのガイドにする。

2.胴は下から上に向かって刺し、あごの下まできたら、耳を刺す。

3.耳の付け根に毛がかかるようにスミルナステッチを顔の外側から中心に向かって刺す。目と鼻のサテンステッチで顔のスミルナステッチの根元の縫い目を隠すように刺す。

※指定以外は1本どり
※指定以外の糸の種類はDMC

バリオンステッチ
ECRU　4本どり

ストレートステッチ
3031

18回
巻き

20回
巻き

スミルナステッチ
844　2本どり

スミルナステッチ
739、844、3031、
3790、ECRU
適宜交ぜて4本どり

ストレート
ステッチ
3790

サテン
ステッチ
310

739

3031

スミルナ
ステッチ
4本どり

844

ECRU

OLYMPUS
414

ロング＆
ショート
ステッチ

バリオンステッチ
OLYMPUS 414
2本どり
4〜6回巻き

スミルナステッチ
ECRU　2本どり

Raccoon

アライグマ

作品 ▶ P. 28

1.手足指から刺す。奥にある足から、足先に毛がかかるようにスミルナステッチを刺しはじめる。

2.しっぽの先から付け根、おしりから胴に向かって刺す。

3.耳の後ろまで刺したら、耳のバリオンステッチを刺し、スミルナステッチの根元を隠すように倒して留め付ける。右耳も同様に刺し、外側に倒して留め付ける。

4.耳の付け根に被せるように頭を刺し、顔のロング＆ショートステッチで、顔まわりのスミルナステッチの根元の縫い目を隠すように刺し、最後に目・鼻を刺す。

※指定以外は1本どり
※指定以外の糸の種類はDMC

Lesser Bushbaby

ショウガラゴ

作品 ▶ P. [29]

1.手足指から刺す。奥にある足から、足先に毛がかかるようにスミルナステッチを刺しはじめる。

2.しっぽの先から付け根、おしりから足、胴と首元まで刺す。

3.耳を刺し、顔の外側から中心に向かって刺す。目と鼻のまわりは2本どりで細かく刺し、目のロング＆ショートステッチと鼻のサテンステッチで、顔のスミルナステッチの根元の縫い目を隠すように刺す。

※指定以外は1本どり
※指定以外の糸の種類はDMC

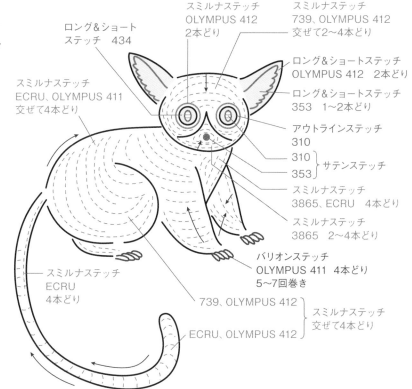

ロング＆ショートステッチ 434

スミルナステッチ OLYMPUS 412 2本どり

スミルナステッチ 739、OLYMPUS 412 交ぜて2～4本どり

スミルナステッチ ECRU、OLYMPUS 411 交ぜて4本どり

ロング＆ショートステッチ OLYMPUS 412 2本どり

ロング＆ショートステッチ 353 1～2本どり

アウトラインステッチ 310

310 ⎫
353 ⎬ サテンステッチ

スミルナステッチ 3865、ECRU 4本どり

スミルナステッチ 3865 2～4本どり

バリオンステッチ OLYMPUS 411 4本どり 5～7回巻き

スミルナステッチ ECRU 4本どり

739、OLYMPUS 412 ⎫
ECRU、OLYMPUS 412 ⎬ スミルナステッチ 交ぜて4本どり

Lion

ライオン

作品 ▶ P. [32]

1.しっぽの先のスミルナステッチを刺し、根元を隠すようにしっぽを刺し、足と胴を刺す。

2.たてがみを少しずつ色を変えながら刺す。耳の後ろまで刺したら、耳のバリオンステッチを刺し、たてがみに被せるように倒して留め、耳のなかを埋めたら、耳の付け根に被せるように顔まわりのたてがみとあごを刺す。

3.顔のロング＆ショートステッチで、顔まわりのたてがみのスミルナステッチの根元の縫い目を隠すように刺し、最後に目・鼻・口を刺す。

※指定以外は1本どり
※指定以外の糸の種類はDMC

【口のまわり】
ロング＆ショートステッチ ECRU 2本どり

サテンステッチ 898

ストレートステッチ 310、ECRU

バリオンステッチ 434 4本どり 16回巻き

ロング＆ショートステッチ 420、729、COSMO 2573 適宜交ぜて2本どり

ロング＆ショートステッチ 898

スミルナステッチ ECRU 2本どり

アウトラインステッチ 310

スミルナステッチ 433 2本どり

スミルナステッチ 420、433、434、435、729、898、COSMO 2573 適宜交ぜて4本どり 0.7～1.5cmにカット

ストレートステッチ 310

310 3865
スミルナステッチ
4本どり

スミルナステッチ
02、03、04
適宜交ぜて4本どり

このエリア
3864を交ぜる

04
3865
スミルナ
ステッチ
2本どり

スミルナ
ステッチ
4本どり
3865
04

ロング＆ショート
ステッチ
844

サテンステッチ
310

ロング＆
ショートステッチ
02　2本どり

ロング＆ショート
ステッチ
3865

バリオンステッチ
02　4〜6回巻き

□ Ring-tailed Lemur

ワオキツネザル

作品 ▶ P. 30-31

1.手足指から刺す。奥にある足から、足先に毛がかかるようにスミルナステッチを刺しはじめる。

2.しっぽの先から付け根、おしりから胴、首まで刺す。

3.耳、頭を刺し、顔の外側から中心に向かってスミルナステッチ2本どりで細かく刺す。

4.目・鼻のまわりのロング＆ショートステッチでスミルナステッチの根元の縫い目を隠すように刺し、最後に目・鼻を刺す。

※指定以外は1本どり　※糸の種類はすべてDMC
※まわりの木や草はアウトラインステッチとストレートステッチ1〜2本どりを
　組み合わせて好きな色で刺してください

スミルナステッチ
310　4本どり

ストレート
ステッチ
310

【目】

サテン
ステッチ
744

スミルナステッチ
300、301、400
適宜交ぜて4本どり

スミルナステッチ
3865　2本どり

スミルナステッチ
310

スミルナステッチ
310　4本どり

バリオンステッチ
310　4〜6回巻き

□ Red Ruffed Lemur

アカエリマキキツネザル

作品 ▶ P. 30-31

1. 手足指から刺す。奥にある足から、足先に毛がかかるようにス
ミルナステッチを刺しはじめる。
2. しっぽの先から付け根、おしりから胴、首まで刺す。
3. 耳、頭の白い毛、黒い毛と顔まわりのスミルナステッチを刺
し、顔のロング＆ショートステッチでスミルナステッチの根元の
縫い目を隠すように刺し、最後に目・鼻を刺す。

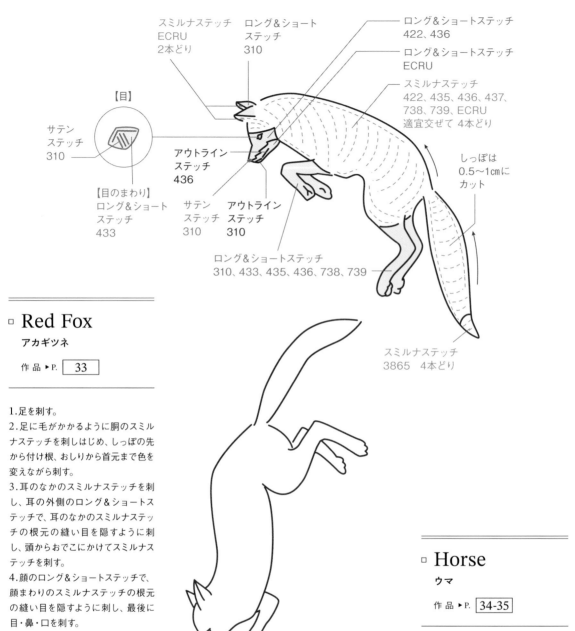

スミルナステッチ
ECRU
2本どり

ロング＆ショート
ステッチ
310

ロング＆ショートステッチ
422、436

ロング＆ショートステッチ
ECRU

スミルナステッチ
422、435、436、437、
738、739、ECRU
適宜交ぜて　4本どり

【目】

サテン
ステッチ
310

アウトライン
ステッチ
436

【目のまわり】
ロング＆ショート
ステッチ
433

サテン
ステッチ
310

アウトライン
ステッチ
310

しっぽは
0.5～1cmに
カット

ロング＆ショートステッチ
310、433、435、436、738、739

スミルナステッチ
3865　4本どり

□ Red Fox

アカギツネ

作品 ▶ P. [33]

1.足を刺す。
2.足に毛がかかるように胴のスミル
ナステッチを刺しはじめ、しっぽの先
から付け根、おしりから首元まで色を
変えながら刺す。
3.耳のなかのスミルナステッチを刺
し、耳の外側のロング＆ショートス
テッチで、耳のなかのスミルナステッ
チの根元の縫い目を隠すように刺
し、頭からおでこにかけてスミルナス
テッチを刺す。
4.顔のロング＆ショートステッチで、
顔まわりのスミルナステッチの根元
の縫い目を隠すように刺し、最後に
目・鼻・口を刺す。

※指定以外は1本どり
※糸の種類はすべてDMC

※上と同様に刺す

□ Horse

ウマ

作品 ▶ P. [34-35]

1.奥にある足とひづめを刺す。
2.しっぽとたてがみのスミルナステッ
チを刺す。手前の足、胴、首のロング
＆ショートステッチで、しっぽとたて
がみのスミルナステッチの根元の縫
い目を隠すように刺す。※しっぽとた
てがみは、水スプレーなどで濡らし、
形を整える。
3.耳のバリオンステッチを刺し、形を
整えて留め付け、顔と目・鼻を刺す。

※指定以外は2本どり
※指定以外の糸の種類はDMC

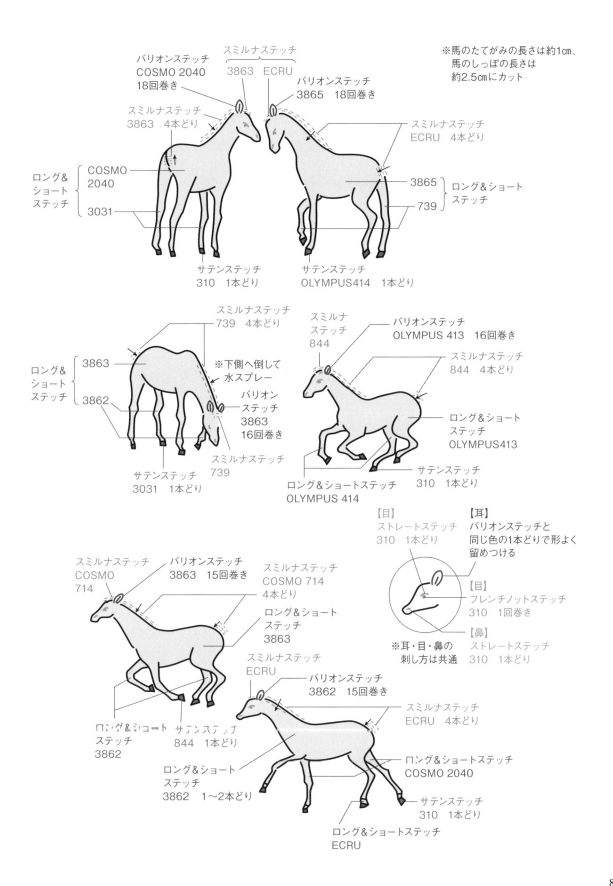

バリオンステッチ
COSMO 2040
18回巻き

スミルナステッチ
3863　ECRU

バリオンステッチ
3865　18回巻き

※馬のたてがみの長さは約1cm、
馬のしっぽの長さは
約2.5cmにカット

スミルナステッチ
3863　4本どり

スミルナステッチ
ECRU　4本どり

ロング＆
ショート
ステッチ

COSMO
2040

3031

3865

739

ロング＆ショート
ステッチ

サテンステッチ
310　1本どり

サテンステッチ
OLYMPUS414　1本どり

スミルナステッチ
739　4本どり

スミルナ
ステッチ
844

バリオンステッチ
OLYMPUS 413　16回巻き

ロング＆
ショート
ステッチ

3863

3862

※下側へ倒して
水スプレー

バリオン
ステッチ
3863
16回巻き

スミルナステッチ
844　4本どり

ロング＆ショート
ステッチ
OLYMPUS413

サテンステッチ
3031　1本どり

スミルナステッチ
739

サテンステッチ
310　1本どり

ロング＆ショートステッチ
OLYMPUS 414

【目】
ストレートステッチ
310　1本どり

【耳】
バリオンステッチと
同じ色の1本どりで形よく
留めつける

【目】
フレンチノットステッチ
310　1回巻き

【鼻】
ストレートステッチ
310　1本どり

※耳・目・鼻の
刺し方は共通

スミルナステッチ
COSMO
714

バリオンステッチ
3863　15回巻き

スミルナステッチ
COSMO 714
4本どり

ロング＆ショート
ステッチ
3863

ロング＆ショート
ステッチ
3862

サテンステッチ
844　1本どり

ロング＆ショート
ステッチ
3862　1～2本どり

スミルナステッチ
ECRU

バリオンステッチ
3862　15回巻き

スミルナステッチ
ECRU　4本どり

ロング＆ショートステッチ
COSMO 2040

サテンステッチ
310　1本どり

ロング＆ショートステッチ
ECRU

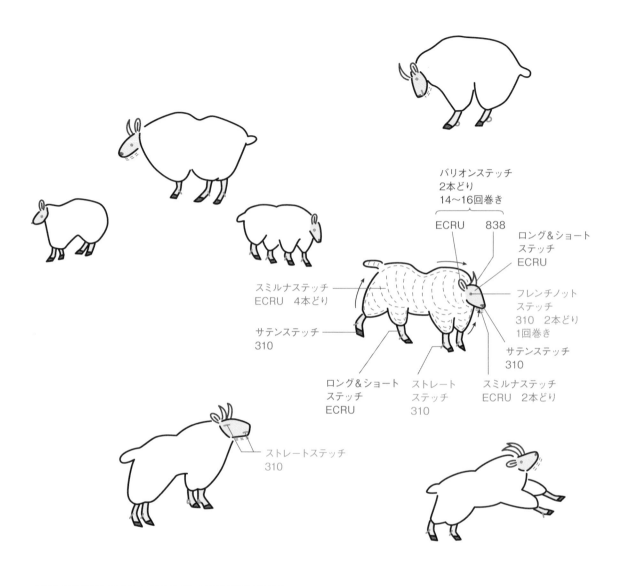

バリオンステッチ
2本どり
14〜16回巻き

ECRU　　838

ロング＆ショート
ステッチ
ECRU

フレンチノット
ステッチ
310　2本どり
1回巻き

サテンステッチ
310

スミルナステッチ
ECRU　2本どり

スミルナステッチ
ECRU　4本どり

サテンステッチ
310

ロング＆ショート
ステッチ
ECRU

ストレート
ステッチ
310

ストレートステッチ
310

▢ Mountain Goat

シロイワヤギ

作品 ▶ P.　36-37

1.ひづめ・足を刺す。
2.足に毛がかかるように足先からスミルナステッチを刺しはじ
め、足の付け根、しっぽ、おしりから胴、首元まで刺す。
3.耳と角をバリオンステッチで刺し、形を整えて留め付ける。
4.あごひげのある個体はスミルナステッチであごひげを刺し、
根元を隠すように顔を刺し、目・鼻・口を刺す。

※指定以外は1本どり　※糸の種類はすべてDMC

※ほかも同様に刺す

◻ Sheep

ヒツジ

作品 ▶ P. 38

1. ひづめを刺し、奥にある足から毛がかかるように足先から足の付け根に向かってスミルナステッチを刺す。
2. しっぽの先から刺し、おしりから胴体、首まで刺す。
3. 耳の先から付け根、顔は外側から中心に向かってスミルナステッチで刺す。目と鼻のまわりのロング＆ショートステッチで、顔のスミルナステッチの根元の縫い目を隠すように刺し、目と鼻を刺す。
4. 頭を刺す。

※指定以外は1本どり
※糸の種類はすべてDMC

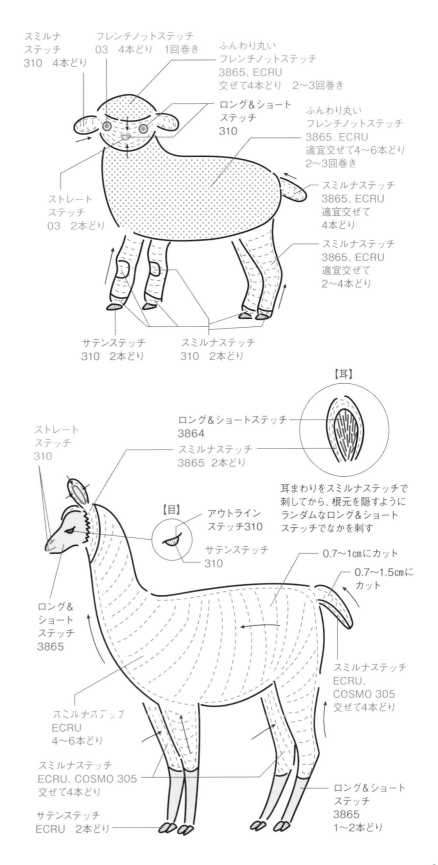

スミルナステッチ 310 4本どり

フレンチノットステッチ 03 4本どり 1回巻き

ふんわり丸いフレンチノットステッチ 3865、ECRU 交ぜて4本どり 2〜3回巻き

ロング＆ショートステッチ 310

ふんわり丸いフレンチノットステッチ 3865、ECRU 適宜交ぜて4〜6本どり 2〜3回巻き

スミルナステッチ 3865、ECRU 適宜交ぜて 4本どり

スミルナステッチ 3865、ECRU 適宜交ぜて 2〜4本どり

ストレートステッチ 03 2本どり

サテンステッチ 310 2本どり

スミルナステッチ 310 2本どり

【耳】

ロング＆ショートステッチ 3864

スミルナステッチ 3865 2本どり

耳まわりをスミルナステッチで刺してから、根元を隠すようにランダムなロング＆ショートステッチでなかを刺す

◻ Llama

リャマ

作品 ▶ P. 39

1. ひづめを刺したら、奥にある足から刺す。
2. 1に毛がかかるようにスミルナステッチを刺しはじめ、足の付け根までいったらしっぽの先から付け根、おしりから胴、首まで刺す。
3. 耳を外側から内側に向かってスミルナステッチ2本どりで刺し、根元を隠すように耳のなかを刺す。
4. 耳の付け根にかかるように顔のまわりと前髪のスミルナステッチを刺し、根元を隠すように顔を刺し、目・鼻・口を刺す。前髪の部分は長めに残し、水スプレーなどで濡らして少し顔にかかるようにクセをつける。

※指定以外は1本どり
※指定以外の糸の種類はDMC

ストレートステッチ 310

【目】

アウトラインステッチ310

サテンステッチ 310

ロング＆ショートステッチ 3865

スミルナステッチ ECRU 4〜6本どり

スミルナステッチ ECRU、COSMO 305 交ぜて4本どり

サテンステッチ ECRU 2本どり

0.7〜1cmにカット

0.7〜1.5cmにカット

スミルナステッチ ECRU、COSMO 305 交ぜて4本どり

ロング＆ショートステッチ 3865 1〜2本どり

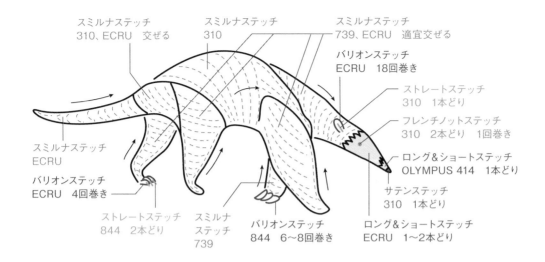

スミルナステッチ
310、ECRU　交ぜる

スミルナステッチ
310

スミルナステッチ
739、ECRU　適宜交ぜる

バリオンステッチ
ECRU　18回巻き

ストレートステッチ
310　1本どり

フレンチノットステッチ
310　2本どり　1回巻き

ロング＆ショートステッチ
OLYMPUS 414　1本どり

サテンステッチ
310　1本どり

ロング＆ショートステッチ
ECRU　1〜2本どり

スミルナステッチ
ECRU

バリオンステッチ
ECRU　4回巻き

ストレートステッチ
844　2本どり

スミルナ
ステッチ
739

バリオンステッチ
844　6〜8回巻き

□ Southern Tamandua

ミナミコアリクイ

作品 ▶ P. 40

※指定以外は4本どり
※糸の種類はすべてDMC

【ミナミコアリクイ、オオアリクイ共通】
1. 奥にある方の足先から刺し、足先に毛がかかるようにスミルナステッチを刺しはじめ、足の付け根、手前の足先から付け根、しっぽの先から付け根、胴、首まで刺す。
2. 耳の後ろまで刺したら、耳のバリオンステッチを刺し、スミルナステッチの根元に被せるように倒して留め付け、耳のなかを刺す。※ミナミコアリクイはさらに顔まわりまで被せるようにスミルナステッチを刺す。
3. 顔のロング＆ショートステッチで、顔まわりのスミルナステッチの根元の縫い目を隠すように刺し、最後に目・鼻を刺す。

□ Giant Anteater

オオアリクイ

作品 ▶ P. 41

※指定以外は4〜6本どり
※指定以外の糸の種類はDMC

【耳】

バリオンステッチ
OLYMPUS 414
4本どり　18回巻き

ロング＆ショートステッチ
844　1本どり

スミルナステッチ
844、3031、
OLYMPUS 414
適宜交ぜる

スミルナステッチ
ECRU

スミルナステッチ
07、ECRU
交ぜる

スミルナステッチ
07、844、3031、3781
適宜交ぜる
1〜2cmにカット

フレンチノットステッチ
310　4本どり　1回巻き

サテンステッチ
310
1本どり

スミルナステッチ
310

ロング＆ショート
ステッチ
OLYMPUS 414
1〜2本どり

スミルナステッチ
07、844、3031、
ECRU
適宜交ぜる

5〜6回巻き　14回巻き　5〜6回巻き

バリオンステッチ
844　4本どり

スミルナステッチ
07、844、3031、ECRU
適宜交ぜる

スミルナステッチ
07、844、3031
適宜交ぜる

□ Hedgehog

ハリネズミ

作品 ▶ P. 43

※刺し方はP.68-69を参照
※指定以外は1本どり
※糸の種類はすべてDMC

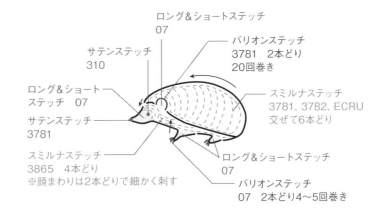

ロング＆ショートステッチ
07

サテンステッチ
310

バリオンステッチ
3781　2本どり
20回巻き

ロング＆ショート
ステッチ　07

サテンステッチ
3781

スミルナステッチ
3781、3782、ECRU
交ぜて6本どり

スミルナステッチ
3865　4本どり
※顔まわりは2本どりで細かく刺す

ロング＆ショートステッチ
07

バリオンステッチ
07　2本どり4〜5回巻き

ロング＆ショートステッチ
839、3863
適宜交ぜて　2本どり

スミルナステッチ
739、ECRU　2本どり

ロング＆ショートステッチ
310

スミルナステッチ
ECRU　2本どり

アウトラインステッチ
310

サテンステッチ
310

ロング＆ショートステッチ
420、738、839、3863、
ECRU　適宜交ぜて1〜2本どり

ロング＆ショートステッチ
420、839　適宜交ぜて
2本どり

ロング＆ショート
ステッチ
435
739
801
839

最後にひげを刺す
ミシン糸
フジックスシャッペスパン#90
生成403

スミルナステッチ
167、310、420、422、433、
434、435、738、739、839、
801、ECRU
適宜交ぜて4〜6本どり

□ Jackrabbit

ジャックウサギ

作品 ▶ P. 42

1.足先から刺す。
2.しっぽからスミルナステッチを刺しはじめ、おしりから胴体、お腹から胸、首まで色を変えながら刺す。
3.耳を刺し、顔の下半分のスミルナステッチを外側から中心に向かって刺す。
4.3の根元を隠すように顔を刺し、目と鼻を刺し、最後にひげを刺す。

※指定以外は1本どり
※指定以外の糸の種類はDMC

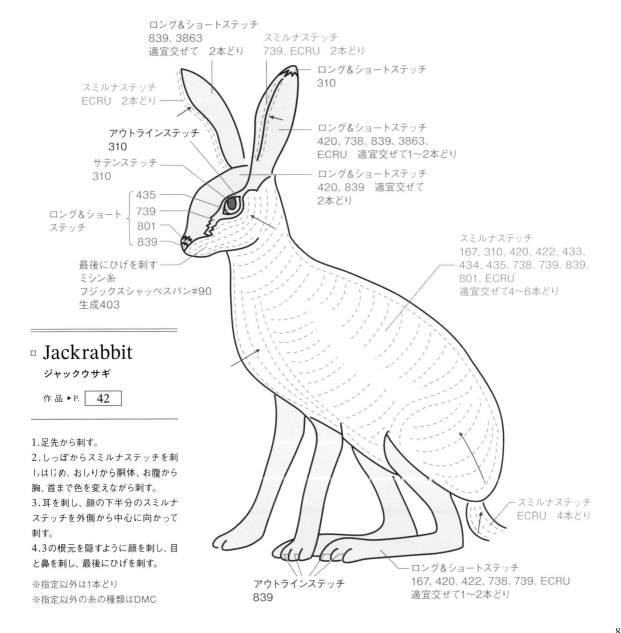

スミルナステッチ
ECRU　4本どり

アウトラインステッチ
839

ロング＆ショートステッチ
167、420、422、738、739、ECRU
適宜交ぜて1〜2本どり

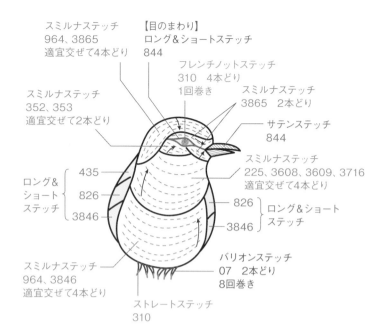

スミルナステッチ
964、3865
適宜交ぜて4本どり

【目のまわり】
ロング＆ショートステッチ
844

フレンチノットステッチ
310　4本どり
1回巻き

スミルナステッチ
3865　2本どり

スミルナステッチ
352、353
適宜交ぜて2本どり

サテンステッチ
844

スミルナステッチ
225、3608、3609、3716
適宜交ぜて4本どり

ロング＆
ショート
ステッチ
435
826
3846

826
3846
ロング＆ショート
ステッチ

スミルナステッチ
964、3846
適宜交ぜて4本どり

バリオンステッチ
07　2本どり
8回巻き

ストレートステッチ
310

▫ Lilac-breasted Roller

ライラックニシブッポウソウ

作品 ▸ P. 45

1. 足、羽を刺す。
2. 足に毛がかかるように下から上に向かってスミルナステッチを刺す。首まで刺したら頭の上から顔の中心に向かって色を変えながら刺す。
3. 目のまわりのロング＆ショートステッチとくちばしで、顔のスミルナステッチの根元の縫い目を隠すように刺す。

※指定以外は1本どり
※糸の種類はすべてDMC

▫ Gouldian finch

コキンチョウ

作品 ▸ P. 44

1. 足、くちばし、尾を刺す。
2. 体をお腹側からスミルナステッチで刺す。顔は外側から中心に向かって刺し、目のまわりは2本どりで細かく刺す。
3. スミルナステッチの根元の縫い目を隠すように、目を刺す。

※指定以外は1本どり
※糸の種類はすべてDMC

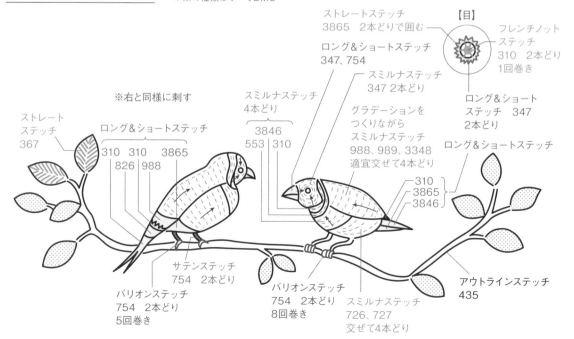

ストレートステッチ
3865　2本どりで囲む

【目】

ロング＆ショートステッチ
347、754

フレンチノット
ステッチ
310　2本どり
1回巻き

スミルナステッチ
347　2本どり

ロング＆ショート
ステッチ　347
2本どり

※右と同様に刺す

ロング＆ショートステッチ

スミルナステッチ
4本どり

3846
553 310

グラデーションを
つくりながら
スミルナステッチ
988、989、3348
適宜交ぜて4本どり

ロング＆ショートステッチ

ストレート
ステッチ
367

310 310 3865
826 988

310
3865
3846

サテンステッチ
754　2本どり

バリオンステッチ
754　2本どり
5回巻き

バリオンステッチ
754　2本どり
8回巻き

スミルナステッチ
726、727
交ぜて4本どり

アウトラインステッチ
435

□ Sparrow

スズメ

作品 ▸ P. 45

※刺し方はライラックニシブッポウソウ
　を参照
※指定以外は2本どり
※糸の種類はすべてDMC

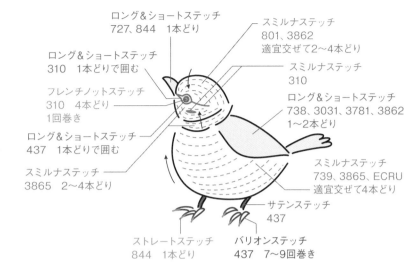

ロング＆ショートステッチ
727、844　1本どり

ロング＆ショートステッチ
310　1本どりで囲む

フレンチノットステッチ
310　4本どり
1回巻き

ロング＆ショートステッチ
437　1本どりで囲む

スミルナステッチ
3865　2〜4本どり

スミルナステッチ
801、3862
適宜交ぜて2〜4本どり

スミルナステッチ
310

ロング＆ショートステッチ
738、3031、3781、3862
1〜2本どり

スミルナステッチ
739、3865、ECRU
適宜交ぜて4本どり

サテンステッチ
437

ストレートステッチ
844　1本どり

バリオンステッチ
437　7〜9回巻き

□ Ostrich

ダチョウ

作品 ▸ P. 46

1. 足のサテンステッチを刺す。
2. 足に毛がかかるようにお腹からス
ミルナステッチを刺しはじめ、尾の先
から付け根、おしりから背中、羽の先
の白い部分、胴、首を刺す。
3. 顔の下まで刺したら、顔まわりから
中心に向かって2本どりのスミルナス
テッチを刺し、目のまわりのロング＆
ショートステッチとくちばしのサテン
ステッチで、顔のスミルナステッチの
根元の縫い目を隠すように刺す。

※指定以外は1本どり
※指定以外の糸の種類はDMC

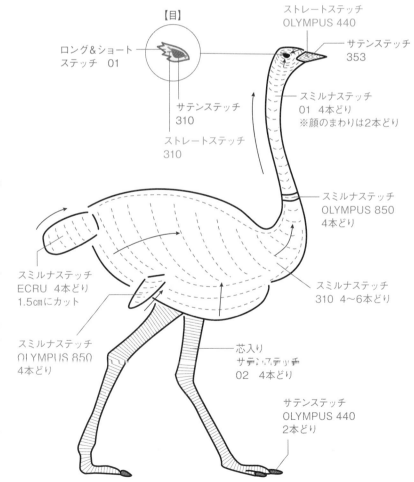

【目】

ロング＆ショート
ステッチ　01

サテンステッチ
310

ストレートステッチ
310

ストレートステッチ
OLYMPUS 440

サテンステッチ
353

スミルナステッチ
01　4本どり
※顔のまわりは2本どり

スミルナステッチ
OLYMPUS 850
4本どり

スミルナステッチ
310　4〜6本どり

スミルナステッチ
ECRU　4本どり
1.5cmにカット

スミルナステッチ
OLYMPUS 850
4本どり

芯入り
サテンステッチ
02　4本どり

サテンステッチ
OLYMPUS 440
2本どり

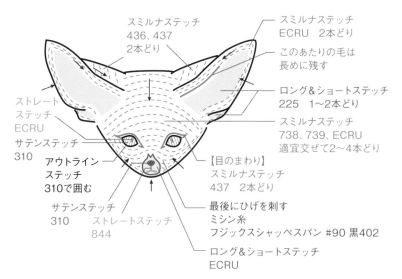

スミルナステッチ
436、437
2本どり

スミルナステッチ
ECRU　2本どり

このあたりの毛は
長めに残す

ロング&ショートステッチ
225　1～2本どり

スミルナステッチ
738、739、ECRU
適宜交ぜて2～4本どり

ストレート
ステッチ
ECRU

サテンステッチ
310

アウトライン
ステッチ
310で囲む

【目のまわり】
スミルナステッチ
437　2本どり

最後にひげを刺す
ミシン糸
フジックスシャッペスパン #90 黒402

サテンステッチ
310

ストレートステッチ
844

ロング&ショートステッチ
ECRU

□ Fennec

フェネック

作品 ▶ P. 47

1.耳は下側からスミルナステッチを刺し、根元にかぶせるようにロング&ショートステッチで耳のなかを刺す。さらに、被せるようにスミルナステッチで耳のなかの長めの毛と、耳の上側の縁を刺す。
2.顔は外側から中心に向かって刺し、下側は目の下まで刺したら、スミルナステッチの根元の縫い目を隠すように目を刺し、目の上の毛を刺す。

※指定以外は1本どり
※指定以外の糸の種類はDMC

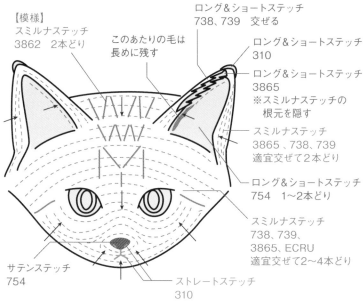

【模様】
スミルナステッチ
3862　2本どり

このあたりの毛は
長めに残す

ロング&ショートステッチ
738、739　交ぜる

ロング&ショートステッチ
310

ロング&ショートステッチ
3865
※スミルナステッチの
根元を隠す

スミルナステッチ
3865、738、739
適宜交ぜて2本どり

ロング&ショートステッチ
754　1～2本どり

スミルナステッチ
738、739、
3865、ECRU
適宜交ぜて2～4本どり

サテンステッチ
754

ストレートステッチ
310

【目の刺し方】

2.
ロング&ショートステッチで、
内側に向けて色が濃くなる
ように重ねて刺す

1.
周囲をロング&ショート
ステッチ745で刺し、
中も全体を埋めるように
刺し、立体感を出す

368
369

3.
中心にロング&ショート
ステッチで刺し、まわりを
アウトラインステッチで囲む

310

□ Sand Cat

スナネコ

作品 ▶ P. 47

1.耳は外側からスミルナステッチを刺し、根元にかぶせるようにロング&ショートステッチで耳のなかを刺す。さらに、被せるようにスミルナステッチで耳のなかの長めの毛と、耳の上側の縁を刺す。
2.顔は内側から中心に向かって刺し、目のまわりはフェネックと同じように刺す。

※指定以外は1本どり
※糸の種類はすべてDMC

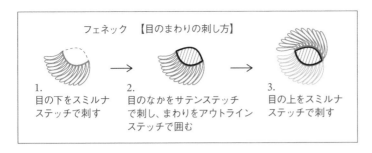

フェネック　【目のまわりの刺し方】

1.
目の下をスミルナ
ステッチで刺す

2.
目のなかをサテンステッチ
で刺し、まわりをアウトライン
ステッチで囲む

3.
目の上をスミルナ
ステッチで刺す

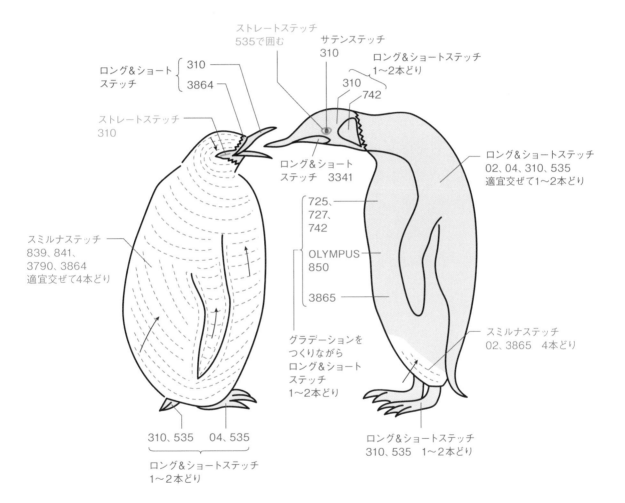

ストレートステッチ
535で囲む

サテンステッチ
310

ロング＆ショート
ステッチ

310
3864

ロング＆ショートステッチ
1〜2本どり

310
742

ストレートステッチ
310

ロング＆ショートステッチ
02、04、310、535
適宜交ぜて1〜2本どり

ロング＆ショート
ステッチ　3341

725、
727、
742

OLYMPUS
850

3865

スミルナステッチ
839、841、
3790、3864
適宜交ぜて4本どり

グラデーションを
つくりながら
ロング＆ショート
ステッチ
1〜2本どり

スミルナステッチ
02、3865　4本どり

310、535　　04、535

ロング＆ショートステッチ
1〜2本どり

ロング＆ショートステッチ
310、535　1〜2本どり

□ King Penguin
オウサマペンギン

作品 ▶ P. 48

1.親は足から刺し、足に毛がかかるように下腹部のスミルナステッチを刺
す。体全体のロング＆ショートステッチで下腹部のスミルナステッチの根元
の縫い目を隠すように刺し、最後に目を刺す。

2.雛の足と尾を刺し、毛がかかるようにスミルナステッチを刺しはじめる。
翼の影になっているところは濃い色で刺し、カットするときのガイドにする。

3.顔の外側から内側に向かって刺し、スミルナステッチの根元を隠すように
顔を刺し、目とくちばしも刺す。

※指定以外は1本どり　※指定以外の糸の種類はDMC

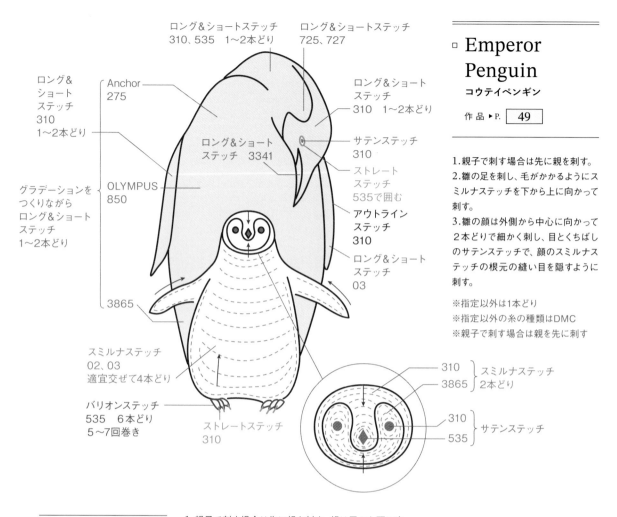

ロング＆ショートステッチ
310、535　1〜2本どり

ロング＆ショートステッチ
725、727

ロング＆
ショート
ステッチ
310
1〜2本どり

Anchor
275

ロング＆ショート
ステッチ
310　1〜2本どり

ロング＆ショート
ステッチ　3341

サテンステッチ
310

ストレート
ステッチ
535で囲む

OLYMPUS
850

グラデーションを
つくりながら
ロング＆ショート
ステッチ
1〜2本どり

アウトライン
ステッチ
310

ロング＆ショート
ステッチ
03

3865

スミルナステッチ
02、03
適宜交ぜて4本どり

バリオンステッチ
535　6本どり
5〜7回巻き

ストレートステッチ
310

□ Emperor Penguin

コウテイペンギン

作品 ▶ P. | 49 |

1. 親子で刺す場合は先に親を刺す。
2. 雛の足を刺し、毛がかかるようにスミルナステッチを下から上に向かって刺す。
3. 雛の顔は外側から中心に向かって2本どりで細かく刺し、目とくちばしのサテンステッチで、顔のスミルナステッチの根元の縫い目を隠すように刺す。

※指定以外は1本どり
※指定以外の糸の種類はDMC
※親子で刺す場合は親を先に刺す

310 ⎫ スミルナステッチ
3865 ⎭ 2本どり

310 ⎫ サテンステッチ
535 ⎭

□ Sea Otter

ラッコ

作品 ▶ P. | 50 |

1. 親子で刺す場合は先に親を刺す。親は尾から頭に向かって刺し、顔は外側から中心に向かって刺す。
2. 子どもは前後足、尾の外側を明るい色で刺し、カットするときの目印にする。
3. 目・鼻・口を刺す。

※指定以外は2本どり　※指定以外の糸の種類はDMC

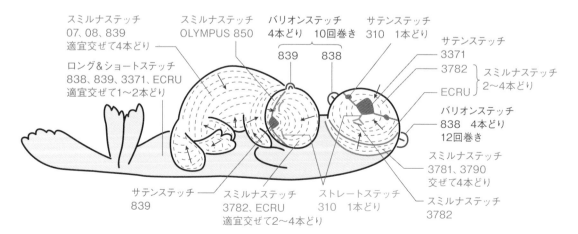

スミルナステッチ
07、08、839
適宜交ぜて4本どり

スミルナステッチ
OLYMPUS 850

バリオンステッチ
4本どり　10回巻き
839　838

サテンステッチ
310　1本どり

サテンステッチ
3371
3782 ⎱ スミルナステッチ
ECRU ⎰ 2〜4本どり

ロング＆ショートステッチ
838、839、3371、ECRU
適宜交ぜて1〜2本どり

バリオンステッチ
838　4本どり
12回巻き

スミルナステッチ
3781、3790
交ぜて4本どり

サテンステッチ
839

スミルナステッチ
3782、ECRU
適宜交ぜて2〜4本どり

ストレートステッチ
310　1本どり

スミルナステッチ
3782

▢ White Pelican

モモイロペリカン

作品 ▶ P. | 51 |

1.足から刺し、下から上に向かってスミルナステッチを刺し、くちばしの根元と顔のロング＆ショートステッチでスミルナステッチの根元の縫い目を隠すように刺す。

2.羽はスミルナステッチのループが外側になるように刺し、羽のなかを羽の先から付け根へ向かって刺す。カットした後、水スプレーなどで湿らせて毛の流れを整える。

※指定以外は1本どり
※指定以外の糸の種類はDMC

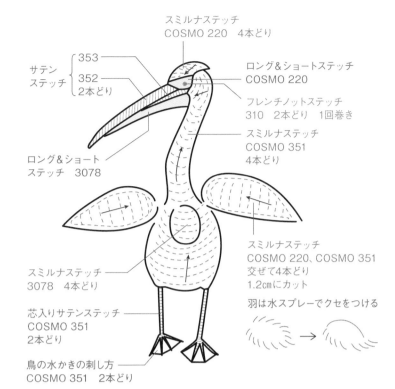

スミルナステッチ
COSMO 220　4本どり

ロング＆ショートステッチ
COSMO 220

フレンチノットステッチ
310　2本どり　1回巻き

スミルナステッチ
COSMO 351
4本どり

サテン｛353
ステッチ｛352
2本どり

ロング＆ショート
ステッチ　3078

スミルナステッチ
COSMO 220、COSMO 351
交ぜて4本どり
1.2cmにカット

羽は水スプレーでクセをつける

スミルナステッチ
3078　4本どり

芯入りサテンステッチ
COSMO 351
2本どり

鳥の水かきの刺し方
COSMO 351　2本どり

▢ Duck

アヒル

作品 ▶ P. | 52-53 |

1.足とくちばしを先に刺し、尾から頭に向かってスミルナステッチを刺し、目を最後に刺す。

2.親鳥の羽はモモイロペリカンの2と同様に刺す。

※指定以外は2本どり
※糸の種類はすべてDMC

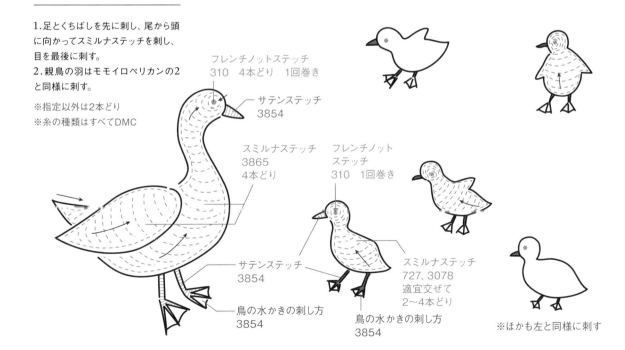

フレンチノットステッチ
310　4本どり　1回巻き

サテンステッチ
3854

スミルナステッチ
3865
4本どり

フレンチノット
ステッチ
310　1回巻き

サテンステッチ
3854

鳥の水かきの刺し方
3854

スミルナステッチ
727、3078
適宜交ぜて
2〜4本どり

鳥の水かきの刺し方
3854

※ほかも左と同様に刺す

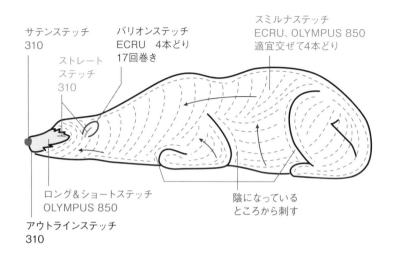

サテンステッチ
310

ストレート
ステッチ
310

バリオンステッチ
ECRU　4本どり
17回巻き

スミルナステッチ
ECRU、OLYMPUS 850
適宜交ぜて4本どり

ロング＆ショートステッチ
OLYMPUS 850

アウトラインステッチ
310

陰になっている
ところから刺す

Polar Bear

ホッキョクグマ

作品 ▶ P. 54

1.体は、足の影になっているところから刺しはじめ、おしりから頭に向かって刺す。
2.耳の手前まで刺したら、バリオンステッチで耳を刺し、スミルナステッチに被せるように後ろに倒して留め付ける。
3.顔のロング＆ショートステッチで、顔まわりのスミルナステッチの根元の縫い目を隠すように刺し、最後に目・鼻・口を刺す。

※指定以外は1本どり
※指定以外の糸の種類はDMC

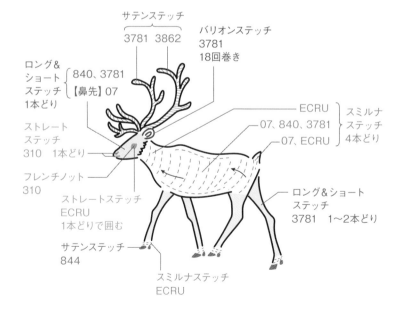

サテンステッチ
3781　3862

バリオンステッチ
3781
18回巻き

ロング＆
ショート
ステッチ
840、3781
【鼻先】07
1本どり

ストレート
ステッチ
310　1本どり

フレンチノット
310

ストレートステッチ
ECRU
1本どりで囲む

サテンステッチ
844

スミルナステッチ
ECRU

ECRU
07、840、3781
07、ECRU
スミルナ
ステッチ
4本どり

ロング＆ショート
ステッチ
3781　1〜2本どり

Reindeer

トナカイ

作品 ▶ P. 55

1.ひづめを刺し、被せるように足首のスミルナステッチを刺し、さらに被せるように足を刺す。
2.しっぽの先から、おしり、胴、首まで刺したら、角を刺し、耳のバリオンステッチを刺し、形よく留め付け、耳のなかを刺す。
3.顔のロング＆ショートステッチで、首のスミルナステッチの根元の縫い目を隠すように刺し、最後に目・鼻・口を刺す。

※指定以外は2本どり
※糸の種類はすべてDMC

Snowy Owl

シロフクロウ

作品 ▶ P. | 56 |

1. はじめに羽部分を刺し、足から上に向かってスミルナステッチを刺す。

2. 顔は、外側から中心に向かって刺し、最後に目とくちばしを刺す。

※指定以外は1本どり

※糸の種類はすべてDMC

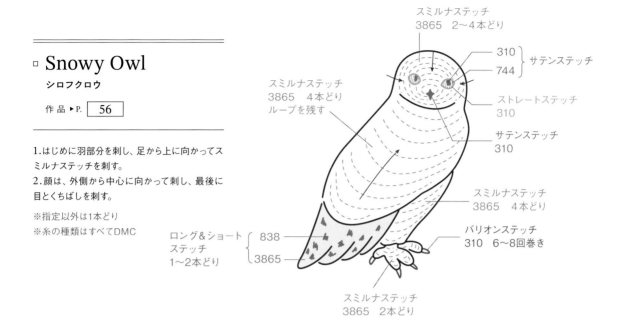

スミルナステッチ
3865　2〜4本どり

310 ⎫
744 ⎬ サテンステッチ

スミルナステッチ
3865　4本どり
ループを残す

ストレートステッチ
310

サテンステッチ
310

スミルナステッチ
3865　4本どり

バリオンステッチ
310　6〜8回巻き

ロング＆ショート
ステッチ
1〜2本どり ⎰ 838
⎱ 3865

スミルナステッチ
3865　2本どり

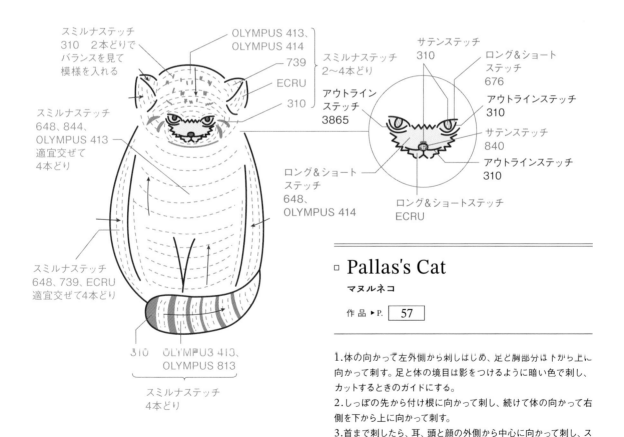

スミルナステッチ
310　2本どりで
バランスを見て
模様を入れる

OLYMPUS 413、
OLYMPUS 414

739

ECRU

310

⎫
⎬ スミルナステッチ
⎭ 2〜4本どり

アウトライン
ステッチ
3865

サテンステッチ
310

ロング＆ショート
ステッチ
676

アウトラインステッチ
310

サテンステッチ
840

アウトラインステッチ
310

スミルナステッチ
648、844、
OLYMPUS 413
適宜交ぜて
4本どり

ロング＆ショート
ステッチ
648、
OLYMPUS 414

ロング＆ショートステッチ
ECRU

スミルナステッチ
648、739、ECRU
適宜交ぜて4本どり

310　OLYMPUS 413、
OLYMPUS 813

スミルナステッチ
4本どり

Pallas's Cat

マヌルネコ

作品 ▶ P. | 57 |

1. 体の向かって左外側から刺しはじめ、足と胸部分は下から上に向かって刺す。足と体の境目は影をつけるように暗い色で刺し、カットするときのガイドにする。

2. しっぽの先から付け根に向かって刺し、続けて体の向かって右側を下から上に向かって刺す。

3. 首まで刺したら、耳、頭と顔の外側から中心に向かって刺し、スミルナステッチの根元を隠すように顔の中心と目・鼻・口を刺す。

※指定以外は1本どり　※指定以外の糸の種類はDMC

juno
ユノ
—

刺繍作家。心揺さぶられる美しいもの、
ときめくものを刺繍した洋服や小物を
制作。ショップでの委託販売や作品
の展示を中心に活動中。著書に『juno
の刺繍ノート』（グラフィック社）、『や
ぎさんのさんぽ』『どこどこ？ねどこ』
（ともに福音館書店）がある。

Instagram
@junoembroidery

STAFF
—

編集
佐々木素子

撮影
MEGUMI

装丁・デザイン
千葉佳子

図案トレース
小池百合穂

スミルナステッチでつくる
ふわもこ動物刺繍

2023 年11月20日　発　行　　　　　NDC594

著　　者　juno
発 行 者　小川雄一
発 行 所　株式会社 誠文堂新光社
　　　　　〒113-0033 東京都文京区本郷3-3-11
　　　　　電話 03-5800-5780
　　　　　https://www.seibundo-shinkosha.net/
印 刷 所　株式会社 大熊整美堂
製 本 所　和光堂 株式会社

ISBN978-4-416-52319-3